企業のファンを生み出す
ブランディングムービー

はじめに

企業・商品・サービスの魅力が伝わらない……。

そんな悩みを抱える企業は少なくありません。商品やサービス、そして自社の認知度を上げ、ファンをつくるためにはブランディングが欠かせませんが、確実に成功する方程式はありません。何から始めていいか分からない、なんとなく施策をやってみたけどなかなか効果が出ないなど、悩みは尽きないと思います。

そもそもブランディングとは、一般に、企業が自社商品やサービス、企業そのものの価値やイメージを高めようとすること、と説明されます。他社との価値の違いを明確に伝え、受け取った人たちに「○○といったらこれ」というイメージをもってもらえたら成功です。

しかし、一言でブランディングといってもその手段は無数にあり、自社の課題を解決するためにはどの施策が合っているのかを見極めるのは簡単ではありません。企業のロゴやWebサイトのデザイン、CM、雑誌広告などさまざまなブランディング方法がありますが、何から始めていいか分からないという漠然とした悩みを抱えている企業にこそ、私は「ブランディングムービー」の制作が最適だと考えています。ブランディングムービーとはその名のとおり、企業やブランドの価値を確立するためにつくる映像のことです。単に企業や商品、サービスを紹介するのではなく、企業が伝えたい理念や想いをストーリー化して、狙ったターゲットに向けて制作・公開します。

私は2011年4月に映像制作会社を創業して以来、さまざまな映像制作に携わってきました。JICA、コメダ珈琲、コニカミノルタ、集英社、USEN、明治安田生命などの有名企業をはじめ、関わった企業の数は多数に上ります。

ほかの手法と比べて映像制作がブランディングに最適だといえる理由はいくつもあります。まず、目と耳を通じて、企業や商品、サービスの価値や魅力をありのままに伝えられます。抽象的なブランドイメージも、記憶に残りやすい映像と音声で届けることができ、映像に込められる情報量も文章や画像の比ではありません。また、映像も音声も人の感情に直接、訴えかけます。さらに人々が映像に接する機会が増え、SNSで動画が拡散されるという情報の伝わり方が特に若い人の間で主流になってきていることも、優位な点として挙げられます。

一方で、ただブランディングムービーを制作すればよいというわけではありません。世の中には、有名な俳優を起用して見栄えのいい映像をつくればブランディングができる、プロの映像制作会社に任せておけばいい、という考え方もあります。しかし表層的なイメージづくりだけでは、企業の伝えたい理念や想いを届けファンをつくる映像にはなりません。制作に携わる企業自身が自社や自社製品・サービスの魅力を再発見し、改めて好きになるというインナーブランディングにつながるプロセスが重要です。この過程で企業の歴史や強み、特徴を引き出すことで、アウターブランディングとインナーブランディングを両立したブランディングムービーが出来上がります。映像制作を通じて企業の「誇り」を象《かたど》り、磨き、輝かせる、これこそ本来あるべきブランディングだと考えます。

本書では、企業のファンを生み出すブランディングムービーの効果や制作プロセスについて解説します。

本書が、自社や自社製品・サービスの魅力をなかなか世の中に伝えられず、ブランディングに悩んでいる企業経営者や広報担当者、マーケティング担当者にとって、一助となれば幸いです。

目次／企業のファンを生み出すブランディングムービー

第2章

映像を通して企業・商品・サービスの価値を届ける 他社と差別化し、ファンを生み出すブランディングムービー

第3章

企業の想いや強みを最大限に引き出す企画づくり

「かっこいいムービー＝効果が出るムービー」とは限らない

第4章

視覚と聴覚に訴えかけターゲットの心をつかむ
楽しみながら一緒につくるブランディングムービー

第5章

映像制作でブランディングに成功した5つのケース

認知度の向上、新規顧客の獲得、社員への理念浸透……

第1章

企業・商品・サービスの魅力が伝わらない……
ブランディングに悩む経営者たち

ブランディングとは、「価値」を想起させること

企業の売上を伸ばし成長させるには、自社の提供する商品やサービスの魅力を発信して、顧客の購買意欲を高めなければいけません。そのため各社はＷｅｂサイトを充実させたり、新聞、雑誌に広告を打ったりとさまざまな努力を重ねています。しかし、いろいろと努力を続けているのに自社の認知度は低いままで、商品の本当の良さが伝わらない、売上も思ったように上がらない、と悩んでいる経営者は少なくありません。他社より性能が優れているから売れるはずだと、絶対の自信をもっている商品が思うような売上に結びつかなかったり、思い切って高額な費用を掛けて広告を打ったのに売上も知名度もさして上がらなかったりと、苦い経験をした経営者も少なくないのではと思います。

企業・商品・サービスの魅力が顧客にうまく伝わらない原因のほとんどは、ブランディングがもともと不足しているか、あるいは展開しようとしたものの失敗してし

まっていることです。

　そもそもブランディングとは、企業などが自社製品や企業そのものの価値やイメージを高めようとする活動であり、自社の商品やサービス、企業自体を、それしかない、とっておきのものとして消費者に認識してもらえるようになることで、他社と差別化する取り組みを指します。「○○といったらこれ」と消費者にすぐ自社を思い浮かべ、選ばれる仕組みをつくることがとても重要です。

　ブランディングというと、ネーミングやロゴを変えることと誤解する人もいますが、ただ単に見た目を変えることではありません。ブランディングは消費者に自社の商品・サービスを選んでもらうことを目的にしているため、自社の強み・他社との違いをブランドコンセプトとして明確にする必要があります。ブランドコンセプトのアピールの一つとして商標やロゴやパッケージを変更することもあると思いますが、それはあくまで顧客に差別化のポイントを示すためのツールでしかありません。

　企業や商品、サービスの背景にあるさまざまなイメージ、つまり「価値」をしっかりと実感して思い浮かべてもらえるようになることができれば、顧客に選ばれるブランディングが行えているといえるのです。

価格競争に巻き込まれないためにもブランディングは必須

数多くの企業や商品、サービスが溢れている今の時代、顧客に自分たちの商品やサービスを選んでもらうには、厳しい競争を乗り越えていかなくてはなりません。まだ世の中にブランドとして認知されていない段階で自社を選んでもらうためには、たまま目に留まったといった運に任せるか、他社よりも価格を下げることで手に取ってもらいやすくするといった安易な方法に頼ることが多いと考えられます。しかし、ブランディングの目的は自社の強みを再認識し、それを世間に知らしめることです。

そして、価格競争に巻き込まれることなく、少しでも多くの人に自社の商品やサービスを購入または利用してもらうことがゴールであることを忘れてはなりません。

ブランドには、ステータスシンボルとしての機能もあり、ブランディングの成功例として、コーヒーチェーンのスターバックスがよく取り上げられます。スターバックスは日本上陸以来、自宅でも職場でもない、第3のリラックスできる場所、『サードプレイス』という概念を提唱してきました。その結果スターバックスは、ほとんど広告キャンペーンを展開せずに高いブランド価値を築くことに成功し顧客に選ばれているのです。

つまり私たちはスターバックスでコーヒーを飲むとき、単にコーヒー代だけではなく、店員のサービスやサードプレイスという価値に対してもお金を支払っていることになります。ほかの喫茶店よりも商品の価格が高くても、顧客は商品そのもの以上の価値をスターバックスに見いだしているといえます。

ブランディングは一朝一夕でできることではありませんが、長年にわたり地道に続けていれば、多少のことで価値は損なわれません。成功すれば優秀な人材の確保や企業価値の増大をもたらし、ビジネスの持続性を高め、ブランドが最も大事な資産であることは間違いないのです。

ブランディングはしたいけれど、何をしたらいいか分からない

２０２２年版中小企業白書では、日本経済の国際競争力が低下している現状に触れ、「中小企業が付加価値を向上しながら成長するための方法としては、労働力の確保や有形資産投資の増加なども考えられるが、ブランドや人材の質といった『無形資産』への投資も付加価値向上を促す方法とされる」とブランディングの重要性を指摘しています。

しかし企業の成長のためにブランディングの必要性を認識しても、実際に取り掛かることすらできていない企業が多く、どうしたらいいのか頭を悩ませている経営者、広報担当者は少なくありません。また、実際にブランディングの施策をいくつかやってみたけれど、特に効果も出ず、結局失敗してしまったという企業も多く、それらに共通しているのは自社の優れている点を正確に理解していないということなのです。

私たちは、これまでにさまざまな業種の企業や自治体の映像制作に携わってきました。大企業もあれば、中小企業もあり、企業や製品、サービスのブランディングムービーを数多く制作しています。よく聞く企業の課題は、自分の会社には魅力や個性がないとか、他社と比べて際立った良いところがないという悩みであり、ヒアリングの際に自社の強みは何かと尋ねると、答えに詰まってしまうのです。

企業だけではなく、地方自治体も同じように魅力がないという悩みを抱えています。例えば、京都のように有名な文化財があるのであればまだしも、地方だとブランディングしようにもそもそもブランディングできるものがないと思っている自治体の担当の方は少なくありません。

大企業なら唯一無二の魅力をもっている会社は数多くありますが、大企業でも商品プロモーションの担当の方が、自社は目立った特徴もなく規模が大きいだけ、などと自嘲気味になってしまう風潮もあり、中小企業においても自社の魅力を理解している企業は数少ないように感じられます。

自らに魅力がないという悩みがあるのであれば、まず考えるべきことは、独自の魅力を見つけだし、価値を高めていこうとすることだと思います。しかしここで企業や自治体が自らの良さを探さずに、いかに良く見せるかばかりに力を入れてしまうと、ブランディングの本質から外れてしまいます。例えば、収入に見合わない服飾品で過度に着飾ることは本来の意味で自らの価値を高めることではありません。その人自身がもつ唯一無二な個性とはなにかを熟考し、その個性を活かせる服飾品を収入の範囲内で購入して身につけることこそ、魅力的であると思います。

魅力がないと悩む企業や自治体も、実際は魅力をもっているのに気づけていないというのが本質だと思います。魅力がまったくない人はいませんし、それは会社にも当てはまります。すでにもっている魅力に気づくことが大切なのです。

自社のブランドイメージと社会での立ち位置をつかむことの難しさ

ブランディングの重要性を認識し、実際にいくつか施策をしてみたけれど、どうも思うような成果が出ないと悩む経営者や広報担当者は多く、そういった企業にはいくつかの共通点があります。まず施策のなかで、ブランドの特徴を明確に打ち出せていません。商品のどこが優れていて、他社の類似品とどこが違うのかを誰にでも分かるように示せていないのです。また、発信する情報もざっくりしていて、ターゲット層さえ明確になっていないケースが目立ちます。

商品やサービスは、困りごとを抱えている人たちのニーズに合わせて開発あるいは考案されたもので、すべての人に向けたものというわけではないはずです。ブランディングを展開する際も、すべての人に照準を合わすのではなく、ターゲットとする人を絞ったうえでそれぞれの心に刺さるようにしなければなりません。

ブランドのコンセプト、価値観が消費者に有効に伝わっていないことも理由の一つです。このブランドは何を大切にしているのか、そういったコンセプトを消費者に伝える必要があります。

そして、その商品・サービスが消費者にどのような生活を提案できるのか、そのブランドの商品を使用した場合、どんな生活を実現できるのかをイメージさせるものでなければなりません。

ブランドのコンセプトに関しては、世界的に広く名の知られた企業でさえも失敗事例はあります。

日本マクドナルドは2006年、野菜と果物を使った新メニュー「サラダマック」を登場させました。世の健康志向を受け、当時のプレスリリースは「体によいことをムリせず楽しく続け、バランスのいい生活を応援するマクドナルドからの新しい提案」と記載しています。

新商品を出すにあたってマクドナルドは事前に顧客調査を実施しました。その結果、体にいいものを食べたい、ハンバーガーだけではなくヘルシーなものを食べたい、サラダメニューを追加してほしい、といった声が多く上がっていましたが、サラダマックは売上が低迷したままほどなくして販売終了となり、健康志向の新メニューの販売展開は失敗に終わりました。

顧客調査やアンケートに答える人にとっては、自分を周囲からよく見せたい気持ちが働くことを指摘する専門家が少なくありません。データ上は多くの人が健康志向をもっているといっても、マクドナルドに健康志向を求めている人が多いわけではなく、マクドナルドでヘルシーメニューを食べたいからでもなかったのです。

むしろ、月に1回などといった一時的、つまり、たまにはせめて高カロリーでジャンクでもいいから、ガッツリしたものを食べる時間を楽しめるところというのが従来のマクドナルドのブランドイメージであるのに、サラダマックはそうしたイメージと相反する商品です。自社のブランドイメージを明確に意識してイメージと合った商品を出すことに徹していれば、このような失敗は起きなかったといえます。

マクドナルドの事例は、名の知れた企業であっても、またそうでなくても、自社のブランド像を明確に自覚することの大切さを示すとともに、さらに社会での立ち位置もしっかりと理解することの重要性を明示してくれていると私は思います。

良いと思っているだけでは他者の心には届かない

他社より性能が優れているから売れるはずだと思っていた商品がまったく売れないことは珍しくなく、逆にそこまでヒットしないだろうと思っていた商品が思い掛けずに大ヒットすることもあります。どうすれば消費者や顧客の心に刺さるブランディングができるのかと考えてみても、明確な答えはありません。なぜなら、人間は必ずしも合理的に行動する存在ではないからです。

同じような悩みを抱えているのは、ビジネスの現場だけではありません。医療現場で医師が患者に今の偏った食生活や運動不足の状態を続けていると、病気が悪化する恐れがあると医師が警告しても、日々の生活習慣を変えられない患者が多かったりします。人は、正しい情報を伝えられて頭では理解できても、心深くにまで届かなければば、正しい行動として反映することが難しいのです。

単に良いものをつくる、良いサービスを提供するだけでは必ず売れるわけではないのは当然のことなので、すべきことははっきりしているのです。良いものをつくったら、どのような層の人に買ってもらえる可能性があるかを考え、ターゲットの心に響くように魅力をキャッチコピーなどでかたちにし、的確に届けなくてはなりません。

例えば転職活動に置き換えて考えるのであれば、自分のスキルや経験、熱意などの相手に売り込む自分の長所、つまり魅力を抽出し、自らのセールスポイントに価値を見いだしてくれそうな企業を探し、企業の採用担当者の心をつかめるようにセールスポイントを言葉にして履歴書や面接で伝えます。

仮に内定に結びつかなかったとしても、魅力が否定されたのではありません。企業や人の選択にはさまざまな要素が関わります。自分の魅力を抽出し直したり、もっとマッチしそうな別の企業を探したり、自分の魅力を伝える言葉をさらに磨いたりすればよいのです。私はブランディングも同様であると考えています。

良いと思ったことが心の奥に突き刺さる、ブランディングムービー

そんな企業や組織の魅力をターゲットの元に届けるにはブランディングが必須であり、その手法はさまざまです。例えば、企業のロゴやWebサイトのリニューアル、雑誌広告やテレビCM、書籍制作、いろいろな媒体への広告、そのほかSNSの発信など、千差万別の方法があり、選択肢が多過ぎて何が自社に合っているのか分からないという企業も少なくないと思います。また、ブランディングは短期間で達成できるものではないため、あれもこれもと手を出すのは莫大な時間とお金が掛かってしまい、なかなか現実的ではありません。

数あるブランディング方法のなかで、ブランディングを確立していくための有力なツールの一つがブランディングムービーです。

ブランディングムービーとはその名のとおり、企業や商品・サービスをブランディ

ングするためのムービー（映像）で、SNS時代や5G（第5世代移動通信システム）時代といわれる現在ではブランディングの手法の一つとして非常に注目されています。映像のメリットは、まず文章などと比べて目を引きやすい点です。そしてなにより、抽象的なメッセージをイメージとして直感的に伝えることができます。音と映像で顧客の視覚と聴覚に訴え、共感を引き出すことができるのです。また演出によりストーリー性をもたせることで視聴者の記憶に残りやすく、感情を揺り動かすことでより強い印象を植え付けることができます。

そして単にムービーをつくるだけでなく、それぞれの企業の理念や歩んできた歴史などの想いが詰まった商品のヒアリングを重ねることで理解し、強みや特徴を深掘りしたうえで、映像にアウトプットしていくことがなによりも重要です。実際にムービーを見た人が良い会社・商品だなと思うだけでなく、制作するお客様側が自社や仕事に誇りをもてるような映像こそ、私が本書で伝えたいファンを生み出す真のブランディングムービーなのです。

第2章

映像を通して企業・商品・サービスの価値を届ける

他社と差別化し、ファンを生み出すブランディングムービー

ブランディングにあたっての映像の優位性を示すメラビアンの法則

企業はブランディングを展開することで、人の心にブランドイメージを育てていきます。消費者がブランドイメージに良い印象をもってもらえるようにすることが重要です。

そもそもブランドイメージは複合的な要素が結びついてつくられ、商品でいえば、その要素は商品名やキャッチコピー、ロゴ、パッケージ、商品が提供する価値、機能、広告・宣伝、使用体験――など多岐にわたります。口コミの評判や、好きな芸能人が使っているなどの情報も大きく影響し、これらすべてがブランディングに関わってくるともいえますが、ここでは特に、広告・宣伝に絞って考えます。

広告・宣伝では「こう思われたい」という理想のブランドイメージをつくるために、Ｗｅｂサイトの刷新、新聞・雑誌などへの広告出稿、テレビ・ラジオなどへの露出、ポスター・パンフレットを作成し、このような媒体を通して情報をターゲットに届けるのです。

より効果的なブランディングを行うにはどの媒体を活用するのがよいか考えるとき、アメリカの心理学者、アルバート・メラビアンが提唱した「メラビアンの法則」が参考になります。人がコミュニケーションを図ったり、第一印象を決めたりする際に何を優先して相手の感情や態度を判断するのか調べると、影響度は「言語情報」が7%、「聴覚情報」が38%、「視覚情報」が55%という結果でした。注目したいのが、映像は言語情報（文字・言葉）、視覚情報（ビジュアル）、聴覚情報（音声・音楽）の3要素すべてを使って視聴者に情報を伝達できる点です。文字や画像に比べて一度に伝えることができる情報量が多く、短時間でより多くのメッセージを伝えることができ、1分間の映像はWebサイト3600ページ分の情報量があるといわれています。

つまり、映像は、Webサイトや新聞・雑誌といった媒体よりも短時間で多くの情報を、言語・聴覚・視覚のすべての領域を網羅して、効率的に情報を伝えることができるのです。

映像中心の時代が来ている

マーケティング・広告領域のニュースなどを発信する専門メディア「MARKETIMES」によると、近年は動画市場が急激に拡大しています。

視聴行動分析サービスを提供するニールセンデジタル株式会社の2019年上半期のPCとスマートフォンの利用実態をまとめたレポート「Digital Trends 2019 上半期」によると、スマートフォンによる動画の視聴は2015年6月で1カ月あたり1時間51分だったのが、2019年6月には約4倍にあたる7時間13分に増加しました。その後、新型コロナウイルス感染拡大によって家にとどまりがちになる、いわゆる巣ごもり生活が広がり動画視聴はさらに増えたと「MARKETIMES」では指摘されています。各種動画配信サービスもYouTubeやTikTokなど多様となり、さらに動画が「TwitterなどSNSで拡散されるという情報の伝わり方が、特に若い人の間で主流になってきています。

動画が購買行動にどのように影響するかを調査したデータもあります。マーケティンググリサーチ会社のクロス・マーケティングが全国の13～34歳の男女1000人を対象にした「YouTube の利用実態調査」によれば直近1カ月で YouTube に影響されなにかを購入した（課金した）人の割合は、男女ともに若年層を中心に3割を超えるという結果になりました。

それを受け、インターネット広告市場も静止画から動画への移行が進んでいます。サイバーエージェント社が実施した動画広告の市場動向調査によると、2022年の動画広告市場は前年比33・2％増の5601億円に達し、2023年には7209億円に成長すると見込んでいます。

動画のニーズが高まっただけでなく、撮影のツールや技術も発展して、誰でも動画を制作しやすくなりました。技術面では、高速大容量や高信頼・低遅延通信、多数同時接続などの5Gがスタートし、電車の中や外出先でストレスなく動画を見られるようになりました。ほとんどの人がスマホをもつ時代になり、映像が私たちの日常に深く入り込んでいます。

「イメージとして入りやすい」映像の強み

動画市場の拡大とともに、ブランディングに映像を活用する企業も併せて増加していますが、これには日常生活で映像に触れる機会が増えたということ以外に理由があります。

その一つが、映像はイメージを伝えやすいという利点です。映像を小説と比べると明瞭で、例えば、小説で「あたり一面に雪が降り積もった」とあった場合、今までの自分が体験した降り積もった雪を想像する人や、ドラマで見た景色を思い浮かべる人もいます。人によっては視界を覆うような雪の壁であったり、雪に慣れていない都市部の人は5㎝くらいの積もった雪であったりと、それぞれの読者の想像した景色を統一するにはかなり細かい描写の記載が必要になります。文章メディアは自由度が高いので、読者の経験によって思い浮かべるイメージが変わるのです。

文章は自由度が高い分、読み手自身が頭を使い、文字を追って、頭の中で処理し、イメージを形成します。読めない漢字や意味が分からない単語が出てきたらストレスになりますし、文章の意味が分かりにくかったら前のページや文章に戻り再度読み返して理解しようとします。

一方、映像は、見ていれば自然にイメージが頭に入ってくるため、それほどストレスにはなりません。イメージをするまでの作業はすでに映像制作側が行っています。音も聴こうと努力することなく自然に耳に入ってきて、楽しい気持ちにさせたり、切ない気持ちになったりなど、聞き手の感情を揺さぶります。映像と音に関して人間は基本的に受け身なのです。良い例が、テレビCMで、映像とともに「なんか良さそう」「おいしそう」「使ったら気持ちよさそう」というイメージがストレスなく入ってくるため、歌やキャッチコピーを覚えてしまう、ということもよくあると思います。

企業のブランディングの場合も、顧客にパンフレットやWebサイトの会社概要だけを読んでもらうより、文字情報と比べてハードルが一つ低く受け身の状態で内容がすっと頭に入ってくる映像を視聴してもらうほうが、ストレスを与えずにイメージを伝えることができるのです。

ブランディングを展開する際にも、こうした映像の特性は非常に有効に働きます。健康に良いというブランドイメージを伝えたい場合、言葉だけでは受け取る側の経験によりイメージは異なるため、意図した狙いにならないことがあります。映像を使うことによって、企業が望むイメージを視聴者の心に直感的に伝えることができるわけです。「百聞は一見にしかず」とことわざがあるように、どんなに言葉を尽くしても伝わりきらなかったイメージが映像を見せるだけですぐに伝えることができるのです。

感情に訴えかけ、共感を生む

ブランディングには、実感や共感という要素がとても大切で、それは人を動かす力の源となります。メッセージに対する実感や共感が強ければ強いほど、その企業を選んだり、商品を購入したりする可能性が増します。ただ、商品を購入する前にそれを実感してもらうことは至難の業で、企業理念など抽象的な概念を実感や共感してもらうことはさらに困難となります。

そこで、映像の力を活用します。映像は文章などに比べて情報密度が非常に高く、実感や共感をしてもらうために必要なメッセージを言語と非言語コミュニケーションを使って伝えることができます。

またエモーション、感情に訴えかける力というものが、映像の最も強力な特性になります。私はブランディングを展開していくにあたっては、インフォメーションよりエモーションに重きをおいていくことが大切であると常々感じています。ブランディングは情報を伝えるより、感情の伝達が重要なのです。インフォメーションは文章や写真、イラストなどで伝えることができますが、エモーションの伝達が得意とされるのは映像です。例えば、新聞の写真とともに「9回裏逆転サヨナラ満塁本塁打!」という見出しの記事を読むよりも、実際の試合の映像を見たほうが、驚きや感動などのエモーションが伝わりやすいはずです。その試合に現地で立ち合わなかったとしても、追い込まれた緊迫感、投手と打者との駆け引きや観客のドキドキ、逆転ホームランが決まった瞬間の大声援や興奮、熱量といったものは映像を通して味わうことができます。

つまり、映像がもつ力は、ありのままを伝えることができ実感や共感を得やすく、言葉や画像だけで表現できない世界観やブランドイメージを伝えることができます。企業のブランディングムービーで、なぜ会社を立ち上げたのか、この事業を行うことでなにを提供したいのかを企業のトップがありのままの言葉で述べ、かつ実際に働いている様子や歴史をたどった風景をムービーに収めれば、どんなに長く文章を連ねるよりも効果的に、企業理念や職場の雰囲気が直感的に伝わっていきます。

共感から生まれる消費行動

消費者から共感を得ることができれば、さらに消費行動につなげることが可能です。そこで私たちは、共感マーケティングを展開していきます。共感マーケティングとは、消費者や顧客の共感を生むような取り組みによって売上向上を狙う販売戦略です。共感マーケティングは映像（ブランディングムービー）を活用するとうまくいきます。

共感マーケティングの考え方は、①消費者や顧客から共感を集め、ファン化を目指す（ブランディング）②SNSや口コミ、影響力のある人による発信を活用する――の2つです。映像は分かりやすく共感を集めやすいですし、ブランディングムービーを制作してYouTubeやWebサイトにアップすることによって、そのままSNSなどで簡単に紹介してもらいやすくなります。

映像の効果は、グルメサイトの評判と比べるとよく分かります。グルメサイトの口コミでは、店の利用者の評価（星の数）と感想、そして写真が掲載され、人の心を動かす感想もたくさんありますが、やはり個人の感想の域を出ず、目にする読者からは少し距離をおいて受け止められることが多いと思います。写真も撮り方によって見栄えが変わることがあるので、少し情報としては物足りなさを感じてしまうでしょう。

しかし映像の場合、テレビのグルメ番組で分かるように、店の雰囲気や料理、そして食べた人の感想は、文字と写真だけの情報よりも伝わりやすくなります。さらに、テレビ番組ではなくYouTubeやSNSで発信した場合、内容に共感したらいいね！

や好評価などの簡単な操作でほかの人にも情報が拡散され伝わっていくのです。さらに、影響力のある人にファンになってもらえたならば、爆発的にネット上で広がり、よりたくさんの人に短時間でメッセージを伝えていける可能性を含んでいます。

共感マーケティングは必ずしも共感する理由がはっきりしているわけではなく、なんとなく雰囲気が好きとか、コンセプトが好きというように理屈ではなく感覚的、直感的なものです。このようなことも、ブランディングムービーと相性がいい理由であり、映像ならば、イメージを言語ではなく画像や音楽で伝えられるため、人の感覚に直接訴えかけることができます。

今の社会は、価値観が多様化していて、より一層共感が重要視されています。その理由として、自分の価値観を大切にして生きている人たちが増えているのではないかと私は考えています。例えば、自分がやりたい職種だからではなく大企業というブランドだけで就職をしたり、有名な大企業で働いている自分は賢いと錯覚したりなど、多くの人が大企業だから偉いという共通の価値観をもっていた一昔前とは明らかに異なってきています。そんな時代だからこそ、人々の心に共感を呼び起こす映像の力は重要性を増しているのだと思うのです。

映像は演出が可能なため記憶に残りやすい

映像は演出できることも強みで、特に実感や共感など感情移入をしてもらうには、ストーリーが重要となります。映像はストーリーをもたせやすく、視聴者を惹きつけて最後まで視聴してもらう可能性を上げることができます。企業の商品やサービスにどんなにすばらしいメッセージが込められていても、視聴者がそのメッセージにたどりつかなければ目的を果たしたとはいえません。しかし、映像は最後まで視聴してもらえさえすればメッセージを届けることができます。

同時に、ブランディングで企業や商品、サービスの魅力を伝えるには、理解しやすいストーリーを構築して、順序に沿って分かりやすく説明する必要があります。唐突にこの商品にはこのような魅力があるなどといわれても、人の頭にはなかなか入り込んでいきません。魅力の背景や実例などを示してこそ、人は理解でき興味をもつのです。

映像のストーリー性は視聴者の記憶に残りやすい特徴もあり、関連のない複数の写真よりストーリー性のある写真のほうが記憶に残りやすいです。ストーリー性があれば感情も揺り動かすことができるので、伝えたいメッセージがより届きやすくなるのです。

動きや変化は目を引きやすい

人間には本能的に動くものを目で追う習性があります。そのため、Webサイトに単に文章を羅列するのではなく、映像を織り混ぜておけば訪問者の目を引きやすく、その下に続くコンテンツも読んでもらいやすくなる効果が見込めます。

以前に比べて街や店頭、交通機関などで液晶ディスプレイなどを使ったデジタルサイネージ動画を見掛ける機会が増えました。従来のポスターや街頭の看板に代わる広告メディアとして注目を集めています。街の広告は、わずかな機会をとらえて短時間で情報を伝え、印象に残す必要があるため、人の目を引くことができる映像が威力を発揮しているのです。これも、動くものを目で追う人間の習性を利用していることになります。

自社の姿を客観視することができる

映像についてもう一つ特徴を挙げるならば、映像は外部の視点をもたせることができる機能を有しています。

カメラは対象にぐっと近づいて撮影することも、離れて撮影することも可能であり、下から見上げるように撮ることも、ドローンやクレーンを使って上から撮ることも可能であり、物理的に今まで見たことのない視点を視聴者に提示することができます。

人は、他人の目に映る自分の姿を見る機会は少ないですが、自分を客観的に見ることはとても大事であり、それは企業にも当てはまります。客観視することで、今まで見えていなかった魅力がかたちとなり現れるのです。

制作したブランディングムービーを見て、かっこよく映してくれてありがとうと感謝してくれるお客様が多くいらっしゃいますが、私たちはあくまでも、客観的に見て元からあった魅力をさらに引き出して、視聴者がその魅力を共有できるように撮影したに過ぎません。

このように映像は見る人に深く、効果的に届くので、ブランディングムービーは自社の商品やサービスの認知度を高め、自社のファンをつくるうえで最も有効な方法といえるのです。

第3章

企業の想いや強みを最大限に引き出す企画づくり

「かっこいいムービー＝効果が出るムービー」とは限らない

実態とかけ離れたブランディングムービーは効果が出ない

私がブランディングムービーについて深く考えるきっかけになった出来事がありま す。

仲の良い友人が働いている大手メーカーのブランディングムービーを私は以前から、すごくかっこいいと気になっていました。お金を掛けていて美しい映像でキャッチコピーもかっこよく、世の中に貢献していることが伝わってきて、とても良いムービーだ、企業ブランディングとして成功しているのだと感じていたのです。

友人に私の感想を伝えたところ、まったくピンときていない反応を示し、むしろ実態とかけ離れていて、自分の会社とは思えないなどという想定外の返答に、私は驚きを隠すことができませんでした。私はその映像がとても好きで、友人のメーカーはブランディングに成功していると思っていたので、なおさらです。また、その返答から私は、仮に同様にピンとこない社員が多くいたとしたら、はたしてこれはブランディングムービーとして成功したといえるのだろうか、ブランディングムービーを見て入社した社員が映像と実態のギャップを感じたときどう思うのだろうかと、考えたのです。

なぜそうなってしまうのか、疑問をもち考えた結果、原因として2つのことが頭に浮かびました。

1つは、企業の強みや魅力をきちんと理解せずにブランディングムービーが制作されている場合があるということです。意図のないキャスティングや演出だった場合はピンときませんし、着飾って脚色をしても効果はありません。例えば、ブランディングムービーを見て子ども連れでも安心して利用できるレストランとして魅力を感じて来店したお客様に対して、店員が露骨に嫌な態度をとったりお子様メニューに対応していなかったりしたら、お客様は想像していた期待とかけ離れた実態により二度とお店に訪れることはありません。つまり、かっこよく見せたいと考え過ぎたあまりに背伸びをしたブランディングをし、一時的には注目を浴びる可能性はありますが、注目も信頼もそこまで長くは続かず、むしろすぐに失うことになるでしょう。

もう1つは、ブランディングムービーの制作プロセスを個々の社員レベルでどこまで理解しているのかが問われるということです。特に大企業の場合、映像制作に関わる人は広報部などの限られた人だけになるので、社員の大部分が制作プロセスに関わっていないことになります。そのため、出来上がった映像を見ても共感できません。数学でいえば答えが合っていればいいわけではなく、解くプロセスも大事なのと同様です。つまり、映像という答えだけではなく社内の多くの人に映像のコンセプトや出演者の選定や表現技法などの制作プロセスもできるだけ知ってもらう必要があるのだと私は考えるようになりました。

映像で本来示すべきもの

世の中にあるブランディングムービーなどを見て、もっと映像の特徴を活かしたらより良いものになるのにと感じることが多々あります。

よくあるのが、映像で製品の仕様のみを説明してしまうケースです。なにかの機械であれば、何万馬力というようにスペックを説明してしまいたくなる気持ちはもちろん分かります。それは、確かに機械のアピールポイントですし、差別化できる強みだと思います。

しかし、製品の仕様の説明はWebサイトやパンフレットを用いればよいですし、むしろそのほうが自分のペースで確認できるので、便利です。

本来映像で示すべきであると私が考えるのは、この商品を使うことで顧客が叶えることができる未来の姿で、インフォメーションよりもエモーションを伝えることこそ、映像の特徴を活かすことになります。

売れる営業マンと売れない営業マンの有名なたとえがあります。売れない営業マンは、その商品のスペックや機能がどれだけ充実しているかをお客様に話します。売れる営業マンは、商品を使ったらどんなに生活が充実するか、どんな将来になるかをお客様に提示します。車であれば、排気量が何ccで燃費がどれだけというような商品の説明ではなく、この車があればこんなに楽しくて心地よい週末が送ることができるようになります、というような具体的な話をして商品を使用したイメージを相手にもたせます。

映像を使うのであれば、ただうなずくことしかできないインフォメーションよりも、想像をかき立て、エモーションを動かすことが大切です。

自治体を中心に流行った「バズ動画」

以前、特に地方自治体で「バズ動画」が数多く制作され、ブームのようになった時期がありました。テレビやネットで話題になり、爆発的に再生数が増えることを狙った映像のことです。

良質なバズ動画は確かにとても面白いし、制作陣のクリエイティビティには驚かされます。流行っていたバズ動画の例としては、フランス語に聞こえる方言を使った移住促進PR動画や、シンクロナイズドスイミングと温泉を掛け合わせた観光誘致PR動画などがあります。

しかし、流行に感化され自分たちもバズる動画をつくろうと二番煎じになった映像は、話題になることだけを追求してしまい、実態とはかけ離れた内容になってしまって、間違ったイメージをもたれ、一時的には集客として効果はあったかもしれませんが、継続的な集客には結びつかなかったのではと私は危惧しています。バズ動画で失敗した自治体は数多くあると考えられ、実際に今ではバズ動画という言葉自体、あまり聞かなくなってきました。

ブランディングムービーをつくれば必ず成果が出るとは限らない

日常生活で映像に接する時間が増え、購買行動への影響も大きくなったため、ブランディングムービーの制作を依頼する企業や自治体が増えています。商品のブランディングムービーを制作してみようなど、ほかの企業が有名になっているから自分たちも手を出しておこうと考え、「とりあえず」取り組むケースが多いように感じます。

もちろん、そうしたとりあえずの取り組みが悪いわけではありません。ただ、せっかく映像を制作しようと思い立ったのですから、ぜひとも良いブランディングムービーを完成させてほしいと思います。しかし、流行っているからという理由だけで取り組み、映像制作会社にとにかくかっこいいムービーをと依頼し、映像制作会社も同じ調子で制作してしまうと、きっとなんとなくいい感じの小さくまとまったムービーになってしまうはずです。それではブランディングとして成立しているとはいえません。むしろつくったはいいが成果がまったくないということになりかねません。また、ブランディングになったのかならなかったのか成果が判断できないということさえ起こり得ます。そのようなことでは、制作費をドブに捨てるようなものです。

映像は手段に過ぎず、目的なしに映像をつくっても意味がありません。

また、最終的な目的は商品を売るためなのかもしれませんが、それでは戦略が立てられず、有効なブランディングはできません。やはり自社の商品の強みや弱みを詳しく分析し、なぜ今の売上になっているのか、どの層が購入してくれているのか、さらに売上を伸ばすには今の購買層にどのように働き掛ければいいのか、それとも別の購買層を開拓すべきなのかとさまざまな戦略を考えなければなりません。綿密なマーケティング戦略とうまく絡めてこそ、効果的なブランディングが可能となり、自ずとブランディングムービーの方向性も決まっていきます。

例えば、とりあえずブランディングムービーをつくる事例でよくあるパターンが、動画の再生回数をＫＰＩ（重要業績評価指標）として安易におきがちであることです。しかし、重要なのは再生回数ではないことが多々あります。例えば富裕層をターゲットにした高級分譲マンションであれば、再生回数は必ずしも重要ではありません。幅広い層に見てもらうより、そのエリアに関心がある富裕層にいかに見てもらうか、そしてどのようなメッセージを届けるかなどを考えなくてはなりません。そのようにすることで、高級感溢れる映像にして分譲マンションでの生活を想像してもらえるような内容にしたり、分譲マンション通勤圏の電車内で映像を配信しようと伝えるためのツールを決定したり、というような戦略を練ります。つまり、重要なのは、ターゲットにどのようなメッセージをいかに届けるかということです。

高級分譲マンションの例では映像を活用することで、そこで暮らす自分を想像してもらうような具体的なイメージを植え付けることが重要です。

見栄えは効果と直結するとは限らない

今、マーケティングやブランディングという言葉が世の中にたくさん飛び交い、そのアプローチとして有名な俳優や芸人を起用したり、派手なCG（コンピューターグラフィックス）で見栄えの良い映像をつくったりするケースが多くあります。有名人を起用する場合、その人物が会社やサービスのイメージを体現すると考えているのであれば確かにその判断は正しいと思います。しかし、会社のイメージキャラクターというわけでもなく単に、今が旬の俳優や芸人だからとか、とにかく視聴者にインパクトを与えたいから派手なＣＧを使いたいからといった理由で選択するのは、間違っています。最終的にかっこいい映像ができることは良いことに思えますが、それ自体がブランディングのゴールだと勘違いしてしまうとブランディングの本質から大きく外れてしまいます。そればかりか、安易に話題性だけを求め狙ったせいで、逆にブランド価値を損ねてしまうことさえあるのです。

もし有名人や派手なＣＧを使うのならば、なぜその人物を起用するのか、なぜその演出をするのかといったその意味合いが重要になります。

自信がないと、「かっこよさ」に頼ってしまう

企業や自治体がブランディングムービーを制作すると決定しても、自分たちの魅力が分からずにどのようなブランディングムービーをつくったらいいか見当もつかないと悩んでいるケースが非常に多くあります。その場合、プロジェクトの担当者は明確

な意図なく有名人や芸能人を起用してかっこいい映像をつくる方向に走ってしまいがちです。ライバル社もつくっているから自分たちもブランディングムービーに取り組むという考えでスタートしたプロジェクトであれば、なおさらこの傾向は強くなります。

ブランディングとは、企業や商品、サービスに対して、消費者や顧客の心のなかに良いイメージを育てる活動です。芸能人を起用して一時的に話題になり、かっこいい映像で良いイメージを抱いてもらっても、その映像と企業や商品、サービスの間にズレが生じてしまえば、やがて消費者や顧客は離れていきます。

企業を例に考えると、一つの企業は歴史や理念、強み、価値観などをもっていて、それを根っことする木のようなものです。どんなにきれいで大きな花を咲かせる木でも、根っこがしっかりしていないと幹が折れたり枯れたりしてしまいます。基礎が盤石な会社というのは、根っこが広く深く広がり、太い幹を支えています。いくら表面を飾ってブランディングをしても、実態とかけ離れていたら効果は長続きしません。

テレビCMを見て、その企業にすごく良い印象をもち実際にその企業の社員に会ってみたら、イメージどおりすてきな会社だ、と改めて思ってもらえることこそがブランディングの王道といえます。

自社の魅力を掘り起こす

どんな企業、どんな職場にも魅力はあります。最近、私たちはある製品のブランディングムービー制作に携わりました。技術者が何年もかけて開発した工業製品で、ロボット技術とカメラ技術を活用しています。映像制作のためにヒアリングをすると、技術力に自信はあるけれど、自分たちの技術のすごさに明確な確信がもてている様子はなく、世の中に何をどのようにアピールしたらいいのか方法が分からないということでした。

私たちにとってまったく未知の世界なので徹底的にヒアリングを行い研究室も見せてもらい、そのうえで映像制作に取り組みました。最大限の魅力を映像に落とし込み、その映像を見た技術者に確かな技術のすばらしさを客観的に理解してもらい、確固たる自信へとつなげていただけるようにと意識し、映像としてかたちにしていきました。最終的に完成した映像を視聴してもらうと、優秀な技術者たちが5年、10年という長い年月をかけてじっくりと精魂込めて開発してきた製品の想いが象《かたど》られることに、喜びと誇りを感じてもらえました。ブランディングムービーのつくり手として、改めてその重要性を考えさせられた出来事でした。

ブランディングムービーを制作する際、同じような道筋をたどることがよくあります。最初に自社には魅力がないなどと悩みを打ち明けられたら、私たちもその世界のことをよく知らない場合が多いので、お客様の言葉のとおり受け取るしかありません。そんな状態からスタートしても、私たちはその企業や業界のことを知ろうと徹底的に調査やヒアリングを展開していきます。すると、不思議なことにどんな企業や業界でも興味が湧いてくるようになり、その企業や業界にしかない、とっておきの魅力を発見しすばらしさを感じることができるようになっていきます。そうした作業を通じて、私たちはその企業や業界に愛着が湧き、ファンになっていくのです。

また、お客様の担当の方自身にも、自分の会社や商品を、映像を通して客観視し見つめ直していくことで、改めてその魅力やすばらしさを再発見してもらい、自分たちの誇りにしてほしいと考えています。映像制作によって、アピールしたい事柄や自社の自慢できる魅力が見えてくるのです。映像制作でこれはとても重要なポイントになります。

映像制作をすると決まったら

世の中にあるブランディングムービーが多種多様なことからも分かるように、映像制作のパターンはバラバラですが、一般的なものは次のような流れになります。

最初の打ち合わせから納品までの期間は平均して3カ月程度とイメージしてもらえばいいのですが、プロジェクトによっては1カ月以内で完了することもありますし、逆に半年~1年以上かけて制作するものもあります。

映像制作の目的を明確にする

まずどのような理由で映像を制作するのかという目的をしっかり定めます。目的が不明確な場合は、映像を制作しようと思ったきっかけを考え、その背景を整理してみるのがよいと思います。この際どのようなブランドイメージを視聴者に定着させたいのかということも併せて考えます。そうすることによって、映像を制作する目的がより明確になり、目的に対して実現性の高い映像につなげることができます。

次に目的が定まったら、どのような映像であればその目的を達成することができるのかを考えていきます。企業のイメージを重視するのであれば、徹底的に世界観を重視した映像を制作するほうがよいです。サービスを紹介する場合でも、認知度を上げることが目的であるならば視聴者の印象に残るような内容にしたり、販売促進が目的であるならば視聴者が共感しやすく、かつ利用イメージが湧く内容にしてみたりなどといったことが考えられます。達成したい目的や解決したい課題によって、企画や構成、映像の内容は大きく変わってきます。

〈ポイント〉

・映像を制作しようと思ったきっかけは？
・映像を活用するシーンと用途は？
・今回の映像を活用して成し遂げたいゴールは？
・見る人の心に定着させたいのはどのようなブランドイメージ？

ターゲットの定義（ペルソナ）を設定する

目的が明確になったら、自然と誰に届けたいかというターゲットも定まってきます。

年齢層や性別、居住地、職業や活動エリアなどから特定の人物としてペルソナ化して、ターゲットに求める変化、つまり映像で行動や認識がどのように変化してほしいか、という一歩踏み込んだターゲットのその後の動向をも考えます。

〈ポイント〉
・年齢や性別、居住地、職業、活動エリアは？
・具体的にどんな趣味嗜好なのか。どんな生活を送っているのか？

映像の活用用途を考える

映像の目的やターゲットが定まったら、次は活用用途を考えます。ここでは、ブランディングムービーとは直接的には関係なさそうな事項も入れてあります。

このように並べてみると、映像の活用用途はそのほとんどが広い意味でブランディングに関連していることが分かります。マニュアルはブランディングというよりは実用的な印象が強いのですが、決して侮ってはいけません。例えば、商品の組み立て方法や取り扱い説明書を示した映像であっても、テロップに違和感があったり、不親切

映像の種類と活用用途

種類	用途（目的・場面）
商品・サービス紹介	商品ならば、見た目だけでなく、その世界観や使い心地、使用したらどんな体験ができるのか、どれだけ便利になるのか、といった感覚的な部分も伝えることができます。サービスについても同じで、言葉や画像ではうまく伝えることができずとも、映像で利用するイメージを示せば、視聴者はその商品やサービスをより身近に感じられ想像することがたやすくなるため理解度が大幅に向上します。
プロモーション／PR	プロモーション・PR動画は、Webサイトや動画広告、展示会など幅広い活用場面があります。商品やサービス、自治体などをただ単に紹介するのではなく、感情に訴えかける効果が見込めます。
Web Top	公式Webサイトのトップページやランディングページに配置することで、サイトのデザインとしても機能するとともに企業のイメージを伝えることができます。
企業／ 自治体ブランディング	企業やその商品・サービス、自治体が本来もっている魅力を見つけ出し、映像に落とし込んだものです。ブランドや自治体が目指す姿を可視化し、多くの人たちに認知してもらう有効な手段です。
イベント／展示会	展示会の会場では、自社ブースの前を通る人に興味をもってもらい足を止めてもらうために、その興味をいかに持続させるかがポイントになります。そのため、CGやアニメーションを取り入れてインパクトのある映像にするなど、飽きさせない工夫が必要となります。また、限られた時間内に商品・サービスの魅力を詰め込まなくてはなりません。どんなにすばらしい商品・サービスでも、目に留まらなければ伝わりません。
IR／株主総会	IRや株主総会に映像を活用する企業が増加してきています。企業のストーリーや理念、やや複雑なビジネスモデルやサービスの概要を説明する場合に、映像で分かりやすく伝えることができます。
採用／リクルート	求職者がオンラインで情報収集する機会が増えているため、会社概要や事業内容、雰囲気、魅力を伝える手段として映像が欠かせないツールとなっています。認知向上から理解促進まで、採用ステージや活用場所に合わせた映像コンテンツをつくることができます。
会社・事業紹介	事業内容を分かりやすく伝えたり、従来の会社イメージを払拭したりすることができます。企業の歴史や事業紹介などは退屈に思われがちですが、アニメーションやBGMをつけることにより視聴者を惹きつけることができます。
マニュアル／How To	テキストや画像に比べ、直感的に理解しやすいのがマニュアル動画の利点となります。用途も幅広く、社内で新たに導入したシステムの使い方、営業ロールプレイングの一連の流れといった社内向けから、レシピ動画やアプリの使い方といった外部向けまでさまざまなことが含まれます。

な説明であったりすると、商品や企業のイメージが大幅にダウンしてしまいます。そうなれば、企業全体の売上を左右しかねません。逆に、マニュアル動画の印象がとても良かったならば、企業全体のイメージアップにつながります。企業ブランディングに力を入れるならば、細部まで徹底しないと効果が得られなくなります。

最も伝えたいメッセージを明確にする

映像は文字とビジュアルと音で視聴者に大量の情報を伝えることができますが、その伝えたいメッセージが明確でないとただの情報と化し、視聴者に意図したメッセージを届けることができなくなります。

このため、欲張り過ぎてあれもこれもと詰め込むことはせずに、最も伝えたいメッセージを明確にし、受け手の心に届くことに着目する必要があります。

明確なメッセージを確定させたら、次に説得力をもたせるための具体的な根拠を考えます。例えば、家電量販店が顧客の満足度を優先する「ユーザーファースト」を伝えたいメッセージだと決めたとします。客観的にこの言葉から連想されるイメージは、親切な接客や商品の購入後も親身になって相談に乗ってくれるお店と思う人もいれば、他店よりも商品が安く購入できポイントの還元率が高いお店などと考える人もいます。つまり、言葉だけのメッセージでは、さまざまな印象を抱かれても仕方がないのです。

そこで、この家電量販店がサービスの一環として商品の保証期間の延長や購入時に古い家電の引き取りを無料で行っていれば、そのサービスの情報をメッセージと併せて伝えることで、「ユーザーファースト」というメッセージが具体性をもってより理解してもらえるのです。言葉だけのときよりも、より具体的なイメージを与えることで、そのメッセージに説得力をもたせたことになります。そのため、具体例やメッセージを裏付ける情報を盛り込むことが大切なのです。

〈ポイント〉
・最も伝えたいメッセージは?
・伝えたいメッセージの根拠となるエビデンスは何?

トーン&マナーを考える

ここまで段階が進むと、どのような映像を制作したいか、頭のなかでイメージが湧いてきているると思うので、そのイメージをかたちにするため、映像の見た目の方向性を決めていきます。ただ、映像制作会社にイメージを伝えるために言葉でいい表すことはとても難しく、むしろ言語化できるケースのほうが少ないといえます。そのような場合、抱いているイメージに似た映像や画像などを参考として示すことはとても有効な方法です。

トーン&マナーというのは、「トーン=調子、色調」と「マナー=様式、作風」のことであり、分かりやすく説明すると雰囲気や世界観と言い換えることもできます。トーン&マナーが統一されていないと、映像を視聴する人は違和感を抱き混乱してしまいます。このため、トーン&マナーを決めておくことはとても大切なことなのです。

〈ポイント〉

・映像で訴求する企業や商品、サービスが大切にしている価値観と、それを表す言葉を洗い出す
・同業他社や同じ目的・用途の映像を探してみる
・映像で見つからない場合は、自分のイメージに合うWebサイトやデザインや画像など多岐にわたり探してみる

予算と納期を設定する

映像制作の見積金額や制作に要する期間は、内容や制作本数、尺、目指すクオリティー、制作側の業態やポリシーなどに応じて大きく変動します。具体的に決まっていない場合には、明確でなくても構わないのでざっくりでも設定しておくと、制作会社を選ぶ際の判断基準になります。

制作会社を選ぶ場合は、価格だけで比較するのではなく、なぜ価格に差が出ているのか、そして制作会社の強みや目指している映像も含めて見極めることが大切です。

映像制作に掛かる費用の内訳は、企画、撮影、編集の各工程における人件費（制作スタッフ×時間）と諸経費（スタジオ、機材など）です。人件費は制作に要する技術力、稼働時間によって額が変動し、諸経費は機材のスペックや数、撮影日数、スタジオ、出演者の有無などによって変わります。

企画工程の費用とは、お客様の要望に沿った映像を制作するため、企画を考える際に掛かる費用のことです。プロデューサーやディレクターなどの人件費のほか、調査代や資料代などの経費が掛かります。構成があらかじめ用意されているのか、ゼロから企画を考えて構成を作成するのかで費用が異なり、また、コンテが絵コンテなのかビデオコンテを作成するかでも違いが出てきます。

撮影工程の費用とは、制作人件費やスタジオ代、機材費など、実写撮影が伴う映像を制作する場合に掛かる費用のことです。モデルやタレントを起用したり、スタジオをレンタルしたりする場合は別途費用が発生します。ヘアメイクや衣装、録音などプロに協力してもらえば、費用は掛かりますが映像の美しさはより保証されます。編集工程の費用とは、撮影データや素材を元に映像編集を行うために掛かる費用全般のことです。人件費のほか、CGアニメーションや音楽の制作費、ナレーション収録費なども含まれます。

映像制作会社の選び方

映像制作会社とひと括りでいっても、規模や得意分野、制作ポリシーは会社によりけりです。特に初めて映像制作を依頼する場合は、どのようにリサーチをしてどのように選べばいいかまったく見当がつかないと思います。

クラウドソーシングと非クラウドソーシング

まず、映像制作会社は大きく「クラウドソーシング型」と「非クラウドソーシング型」の2つに分けることができます。

クラウドソーシング型は、フリーランスのクリエイターを抱え、オンライン上でお客様とクリエイターを仲介するサービスを提供している会社です。案件の内容に応じてクリエイターを選定し、制作の進行・管理をしてくれます。クラウドソーシング型の映像制作会社に依頼した場合、どのような映像ができるかは正直にいうと運任せの面があります。映像を制作する技術には映像クリエイター1級や2級という資格があるわけではなく、人によってスキルや得意分野は異なるのです。

映像を料理にたとえると、イタリアンを食べたいという発注があった場合は、クラウドソーシングの会社はイタリアンをつくれる人を募集します。このため、本場ナポリで修行したシェフが当たる場合もあれば、日本のファミレスでパスタを温めて出したことがあるぐらいな人に当たる場合もあるのです。そのような意味で運任せと表現をしています。

自己申告の実績は、あまり参考になりません。映像を一人でつくり上げる人はほぼいないといえ、ちょっと参加して作品の5%くらいしか貢献していなかったとしても、

「クラウドソーシング型」と「非クラウドソーシング型」の違いと見分け方

	クラウドソーシング型	非クラウドソーシング型
メリット	・広告代理店や映像制作会社に依頼するよりも制作費が掛からないケースが多い ・納期に対応できるクリエイターが割り当てられるため、急を要する案件でも依頼しやすい	・クリエイターが打ち合わせに同席することもあり、イメージどおりの完成品を目指しやすい ・コンセプトや企画の立案から依頼したい場合にも対応できるケースが多い ・断続的に依頼をする場合は、長期的な信頼関係を築くことができる
デメリット	・クリエイターによって映像の質に差が出ることがある ・クリエイターと直接話す機会が少ないため、要望がうまく伝わらずに完成品がイメージと異なる可能性がある	・クラウドソーシング型に比べると高めの価格帯 ・納期によっては対応できない可能性もある
見分け方	・サービス紹介ページに社外クリエイターを抱えている（数百〜数千名）と掲載されている ・クリエイター募集／登録ページへの導線がある	・Web サイトやランディングページにスタッフ紹介ページがある ・企画、撮影、編集、納品まで社内ワンストップで対応しているケースが多い

自分の作品として紹介しているケースがあり、クラウドソーシング型を選ぶ場合は、こうしたリスクを理解しておく必要があります。

一方、非クラウドソーシング型は、自社内にディレクターやエディターなど制作スタッフが在籍し、企画から撮影、編集まで対応する会社を表します。細部までのコミュニケーションが図りやすいため、映像の全体的な質の担保が取れやすいという特徴があります。

制作会社の強みを把握する

さらに映像制作会社によって、得意分

制作会社の強みの違い

	概要	探すポイント
マーケティング支援に強い	独創的で革新的な映像というよりは身近で実用的な映像を得意とし、映像を活用したマーケティング支援に強い傾向にあります。成果を出すために効果的な映像を企画し、制作、配信、分析、改善まで一貫して行うようになっているケースが多く見られます。WebCMやYouTube運用、SNS広告を前提に、安くスピーディーに制作したい、あるいは大量に制作したいというニーズに合致します。制作予算や納期、運用方法などに融通が利く可能性が高いと考えられます。	・検索結果の表示タイトルやサービスページにマーケティングやコンサルティングというワードが入っている ・安価な価格帯やコストパフォーマンスを訴求している ・WebCMやSNS広告などの広告動画の制作が中心である ・YouTube運用事業を行っている ・多岐にわたり金額プラン分けがされている ・年間の映像制作本数の多さをうたっている
大規模なCMなどの制作に強い	会社の規模が大きく、映像が実用的というよりは独創的で革新的な映像を得意とする場合、CMなどの制作に強いという特徴があります。ナショナルクライアント（全国的な知名度をもつ大企業）のテレビCMやWebCMなど大規模なプロジェクトを抱えていることが多く、少額予算には対応していないこともあります。広告映像に限らず、映画やドラマの制作などを行っている企業も多くあります。	・映像プロダクションや総合プロダクションと表記している ・社員数が比較的多い規模感である ・テレビCMや広告映像を中心とした実績が豊富にある ・グループ会社を有している ・サービス紹介や事例のメインツールがテレビCMである
少数精鋭で幅広いジャンルの制作に強い	少数精鋭でビジネス寄りの映像制作会社は、幅広いジャンルの制作に強い傾向があります。優良企業が多く、価格帯は大量の制作に対応している企業より高めで、大手制作会社よりもリーズナブルといったイメージです。幅広いジャンルの制作を担っているため、ジャンルごとの知識やそのジャンルに適した映像制作のノウハウを蓄積しているケースが多く見受けられます。	・社員数の規模が10〜50人ほど ・オンラインでの広告宣伝やマーケティングに注力していない優良企業が多数存在する。このため映像制作や動画制作といったキーワードで検索をしてもなかなか上位に表示されず、探しにくいことがある ・柔軟な対応力とスピード感のある制作を訴求している ・FacebookやTwitterなどのSNSで映像制作と検索し、ニュースや制作事例を発信している企業をチェックする
オリジナル性やクリエイティブに強い	小規模でクリエイティブに寄った会社は、オリジナルの企画や高品質なクリエイティブに強い傾向があります。納期が短い依頼には対応しきれない可能性もありますが、余裕をもって相談すれば丁寧にヒアリングを行い、オリジナルプランの企画を立案してくれる可能性が高いです。新しいアイデアの映像制作がしたい、徹底的に映像のきれいさや内容の質にこだわりたいというニーズに合致します。映像によって解決したい課題や目的に沿った映像制作が可能です。	・〇〇（業界／ジャンル）＋映像制作や△△（映像表現）＋映像制作で検索してみるとヒットする可能性が高くなる ・金額プランが提示されているケースが少なく、オリジナルプランでの制作に重きをおいている ・抱えているクリエイターの層が厚いことを訴求している

野が異なります。映像制作会社のそれぞれの強みを理解し、自分たちのイメージをより良い映像としてかたちにしてもらえる会社を探すことが大切です。探す際のポイントはあくまで目安となります。

制作事例を確認する

映像制作会社の特徴や強みが理解できたら、次は気になる会社の制作事例を確認していきます。判断するために、まず制作したい映像ジャンルに対応しているかを調べます。ただし、同じジャンルの制作実績がないからといって、この会社ではないと判断してしまうのは早計です。あくまでも一つの要素としてとらえ、ほかの要素も含めて多角的に検討するのがよいといえます。

なかにはお客様の秘密保持の関係でWebサイト上で公開できないケースもしばしばあります。Webサイト上で公開している制作事例は、あくまでも手掛けた案件の一部に過ぎません。公開されている制作事例以外も確認したい場合は、直接問い合わせをするとよいです。その際、どの業界のどのジャンルの制作事例を見たいのかを伝

判断材料

- 企業の姿勢に共感できるか（コーポレートサイトに掲載されている企業理念や実際のヒアリングの場で、担当者の対応や振る舞いに着目し、丁寧さはもちろんのこと、親身に受け、回答をしてくれているのかどうかを見極める）
- メールやメッセージなどのやり取りに柔軟に対応できているか
- 一緒に仕事をしたいと思えるか
- ただ要求に応じるだけではなく、プロの視点でのアドバイスや提案をしてくれるか

えるとスムーズに話が進んでいきます。

クラウドソーシング型を除き、小規模の映像制作会社の場合は、所属するスタッフが限られているので、自ずと実写やアニメーションといったように得意分野が分かれます。そのため、その映像制作会社の得意分野を確認することが重要なのです。

企業の姿勢や担当者との相性も重要

映像制作の一般的な制作期間は2～3カ月ですが、場合によってはさらに長い付き合いになります。そのため、問い合わせ以降の提案だけでなく、企業の姿勢や特徴、スタッフの対応などを見極めて決定することが大切です。また、窓口となる営業担当と実際の制作スタッフは異なることもあるので、最初に確認してお

くとよいと思います。

問い合わせ

映像制作を依頼する候補の会社が決まったら、問い合わせをし、自分たちの考えや想いをかたちにしてくれそうな会社を選定していきます。その際、制作したい映像の内容やイメージを伝えることが大切です。

ヒアリング

映像制作会社を決めたら映像制作の依頼をし、順次進めていきます。映像制作会社とはじめに行うのがヒアリングになります。ヒアリングとは、映像の方向性を話し合い、詳しい見積を出すために実施することです。費用の見当をつけるためには、映像の完成イメージをつくらなければなりません。そのため、映像制作会社はお客様から詳しいオーダーを聞き、制作する映像のイメージをつくってから詳細の見積を出します。

ヒアリングでは、ターゲットや伝えたいメッセージ、映像の雰囲気などを探っていきます。質問の内容について事前に回答を用意することは難しいので、制作会社と気兼ねなく話しながら進めていくといいでしょう。

ヒアリングは映像制作会社にとって、その業界や会社、製品について詳しく知るための機会となります。私はその対話が大事だと考えているため、どのような経緯で事業が始まったのか、どのように事業に取り組んでいるのか、現状の課題についてなど踏み込んだ話をします。そうすることによって、開発に至った経緯など熱い想いを教えてもらったり、逆に他社と比較して際立った強みがない、現段階でアピールポイントが思い浮かばないがどうすればいいか、などと相談されたりもします。

このように対話を通じて情報を得たら、これが映像制作会社側の宿題となります。ヒアリングに加えてこちらでも調査し尽くして深く理解してこそ、実写やアニメーションといった表現方法から、働いている人の現場を撮影しましょう、などといったより具体的な案まで多岐にわたった提案ができます。

企画提案・見積

ヒアリングで話し合った内容を基に映像制作会社が企画を作成して提案していきます。この場合、企画案Aは役者を使った物語風、企画案Bは手描きのイラストを用いたアニメーションというようにいくつかのパターンを提示してくると思われます。それぞれメリットとデメリット、映像制作に掛かる費用の見積も伝えてくれます。

制作が始まると費用の調整が難しいこともあるため、撮影費を安くする方法や、どの費用を増やせば求めている映像に近づけるかなどの疑問はこのタイミングで解消しておくことがよいです。信頼関係を築く基盤となるので、少しでも不安や疑問に感じたことは早めに取り除くことが大切になります。

担当者にも「覚悟」が必要

ブランディングムービーを制作する際には、お客様の担当の方にも覚悟が求められます。誠実な映像制作会社であれば、顧客の意向を汲み取り、最大限のムービーを制作しようとするはずです。窓口になる担当の方も同じ想いでないと、伝えたいメッセージをちゃんと届けられるブランディングムービーを制作するのは難しくなります。

もちろん、映像制作会社は映像制作のプロフェッショナル集団です。しかし、どれだけブランディングの本質を理解し、映像化しようという熱意があったとしても、外部という壁はどこまでいっても壊せません。自社のブランドについていちばんに理解しているプロはその企業の担当の方自身なのです。映像のプロといちばん長く深く接する担当の方が、映像にどのようなメッセージを込めたいのかを正確に把握しておかなければなりません。そのためには、担当の方が考えるだけでは足りず、社内の人を幅広く巻き込んで答えを出す必要があります。そのような、一緒に映像をつくる覚悟が重要なのです。

プロにお任せではいけない企業は自分自身の「プロ」

企業によっては「映像づくりはプロに任せたほうがいい。あまり口出ししてはいけない」と考えることが多いのですが、映像制作のプロと自社の強みをいちばん理解している担当の方が協力して制作したほうが、より良い映像をつくり上げることができるということは強調しておきます。

プロ任せと考えたくなるのは分かります。実際に私たちも自社のＷｅｂサイトのリニューアルをお願いしたときには、「変に口出しするとＷｅｂサイトのプロの人に失礼なんじゃないか」とか「素人っぽい発言をすると恥をかくかもしれない」と思うことが多々ありました。Ｗｅｂサイトの知識はまったくなく、作成するためのコードも書けないためそのように思うのも当たり前です。しかし、私たちはＷｅｂサイトのプロと意見を交わし、しっかりと携わりながら自社のＷｅｂサイトをつくり上げたので自分たちの作品だ、という意識が芽生えたのです。重要なことは、良いものをつくることを第一に考え、発言をためらわないことだとその経験を通して改めて理解しました。

この自分たちがつくったという感覚はとても重要で、携わった人たちが自慢したくなる映像こそが本当に良い映像なのだと思います。

さらに、担当の方には映像制作の過程を楽しむという感覚を大切にしてほしいです。担当の方にも一緒になって映像をつくる覚悟が必要だと説明しましたが、なにも苦しい思いをしてほしいというわけではありません。むしろ逆で、一緒になって楽しみながら、自慢したくなる映像をつくってほしいと考えています。

楽しむというのは、これまで知らなかった映像制作の世界を垣間見て、面白さを感じるということでもいいと思います。私が感慨深く感じるのが、お客様と一緒につくり上げた映像から自社を振り返り、興奮や感動を味わってもらうことです。自分の会社であっても、知識としてしか理解していないことや初めて耳にする話や歴史もあるかもしれません。その会社のルーツやDNAといったものを一緒にたどる楽しみは、担当として関わった私たちの醍醐味といえます。

企業のDNAを深掘りした映像が完成したら、制作過程に参加していない社員さんでもその映像を見て自分たちの会社の強みや大切にしている価値観や雰囲気などを語ることができます。確実に自分たちの映像になるのです。

私がかっこいいと感じた大手メーカーのブランディングムービーが、そこに勤める友人からすると違和感のあるものだったということは、この「自分たちがつくった」という感覚が共有できていなかったのが原因ではないかと思います。このブランディングムービーはその企業の広報や映像制作の担当の方が一緒に考えて制作したはずですから、おそらく内容に間違いはなかったはずですし、等身大を意識して映像に落とし込んでいると思います。ただ単に、映像で表現した魅力が社内に浸透していないとか、社員さんがその魅力に気づいていないということもあり得ます。

広報担当者は日頃から自社の見せ方を考え、さまざまな企画を実施しています。しかし、ブランディングムービーに込められた想いがすべての社員に伝わっているかというと、そうでない場合が多々あります。例えば商品開発部にその想いが伝わっておらず、まったく違う方向性のムービーになっているということもあるのです。

だからこそ、映像制作を良い機会だととらえ、制作過程に広報チーム以外のメンバーも巻き込んだらどうなるかを考えてみてほしいです。実際に巻き込むことができたとしたら、映像ができるまでの過程で社員さんは自分たちでなにか新たなことに気づかされたり社内に変化が生まれたりといった副次的な効果が得られると思います。それは、企業にとって大きな財産になり、結果的にアウターブランディングだけでなく、インナーブランディングも成功したということになります。

アウターブランディングがインナーブランディングにもつながる

私は、顧客と制作者が一緒にブランドのDNAや歴史、強みを掘り起こし、その価値観を投影したブランディングムービーこそ真のブランディングムービーだと考えています。顧客の大切な基盤となる根の部分を可視化し映像にするのです。そのためにはお客様側には担当の方だけでなく複数の社員さんに参加してもらって一緒に映像制作に携わり、さまざまな関係者を巻き込み自分も参加者だと認識してもらう必要があります。参加者全員が覚悟をもって一緒に映像をつくり上げることがとても重要なのです。

この考えに至った背景には、日々の映像制作をするなかでお客様の担当の方の変わりようを間近で目撃したことにあります。例えば、企業のブランディングムービーをつくる場合、私たちは会社の理念や歴史、強み、価値観などさまざまなことを知ろうとします。それがブランディングムービーづくりには絶対に必要だからです。事前準備と映像制作を通して、さまざまな拠点を訪ね、いろいろな人にインタビューをしていきます。そして、担当の方も同席をしているうちに、自分の会社にどんどん詳しくなっていくのです。もちろん、社内報などで知っていた情報もあるのでしょうが、実際に足を運び、自ら経験して得られる学びは大きく違います。映像制作を行い一緒につくった担当の方が変化するということを、私たちは何度も目の当たりにしてきました。

そしてこの成長効果に着目し、きちんとサービスとして提供したいと思ったのです。なぜ、一緒につくることにこんなにこだわるのかというと、ブランドは単に宣伝によって生まれたイメージでできているのではなく、背景には会社の歴史や社員さんの想い、価値観などさまざまなものがあると考えているためです。私たちは映像制作のプロであるものの、そのブランドについては素人です。もちろん一生懸命にお客様やブランドについて知ろうとしますが、どうしても限界があります。そのため、映像制作のプロと、そのブランドについて最も知っているプロの担当者が手を組む必要があるのです。

私たちはこれまで、企業やブランドについて深く知るにつれて、どんどんその企業やブランドのファンになっていくということを体験してきました。自治体のブランディングムービーを撮るためにその地域に通い、そしてその土地が好きになってプライベートでも行くようになったり、サッカーチームの映像制作をするうちに大ファンになったりという経験です。お客様の側にも同じことがいえます。映像制作の過程を通じて、携わる社員は自社やブランドの本来の魅力を再発見し、以前よりももっと自分の会社を好きになっていきます。

アウターブランディングを展開する手段として映像制作を行っていましたが、一緒に映像をつくり上げることで結果的にインナーブランディングも進めることができるのです。

第4章

楽しみながら一緒につくるブランディングムービー

視覚と聴覚に訴えかけターゲットの心をつかむ

ロジック×エモーション

映像制作会社を決め、発注したら、いよいよブランディングムービーの制作が始まります。

ブランディングを目的とする映像制作は、見る人の心に良いブランドイメージを与えることが必要です。そのためには、伝えたいブランドイメージから出発して、最終的に人の心を動かすような映像にする作業が求められます。映像に込められたメッセージは視覚や聴覚を通して人の心に入り込みますが、そこで大切になるのがエモーションです。人の感情を揺さぶり、訴えかけるという映像でなければ見た人の印象には残りません。

また、エモーションと同様にロジックも重要な要素です。例えば、伝えたいメッセージがぼんやりとしている場合は、まず子どものようなワクワク感というように思い浮かんだメッセージを言葉にしてみます。次に子どものようなワクワク感を表現する映像表現がどのようなものかを考えます。さらに、メッセージが伝わるためのストーリーを検討し、狙った効果を生み出すロジックを構築していきます。出演者やロケーション、カメラアングルや色調、アニメーションなど、あらゆる演出は人の心を動かすためにあるといっても過言ではありません。

多くの場合、つくりたい映像についてなかなか正確に言語化ができないものです。「こういう感じの映像をつくりたい」という参考映像を挙げることまでは難しくありませんが、その映像がどういう構造で人を感動させているのか明確に説明できる人は少ないと思います。そこで、映像制作会社はヒアリングの内容やリサーチ、経験やノウハウ、そして論理的思考を駆使してお客様が目指す完成型のイメージを言語化し、それに基づいて映像の設計図を構築しています。

発注後の流れ

映像制作は、①企画～撮影準備（プリプロダクション）、②撮影やイラスト作成などの素材制作、③編集～納品（ポストプロダクション）、と大きく分けて3つの段階を経て進められます。次に示すのは、私たちの会社の制作フローですが、おおまかな流れはどこの映像制作会社でも同じです。

企画から撮影準備まで（プリプロダクション）

企画提案から撮影までの準備期間は平均して約1～2カ月です。主に企画を詰めていく作業や、撮影に必要なキャスティング、ロケーションハンティング（通称ロケハン。撮影場所の事前下見をすること）など、撮影までに必要な準備を行います。私たちがいつも担当の方にお願いするのは、特に企画提案やコンテづくりといった案件の初期段階で、遠慮せず積極的に要望をお伝えくださいということです。プリプロダクションの段階では要望を反映しやすいですが、制作フローの後半になればなるほど軌道修正が難しくなります。そのため、初期段階でしっかり制作会社に要望を伝えて理想の完成形に近づけるようにすることが重要です。もし正解が分からず悩んでいることがある場合、それも率直に相談すれば、その制作会社なりのおすすめやアドバイスをもらうことができるはずです。

◇映像の方向性を決める企画検討期間（約1〜2週間）

企画検討の期間では、具体的にどんな映像を目指していくのかといったイメージのすり合わせを行います。最初の打ち合わせを私たちは「キックオフ」と呼んでいて、提案内容のおさらいが中心となる時間のことを指します。見積時に提案した企画をベースに話を進めることが多く、その企画内容のフィードバックをしていきます。

この段階の企画内容が修正なしにそのまま通ることはまれで、実際に大幅な変更をすることも多々あります。工程が進むにつれて企画の修正は物理的に難しくなってくるので、やっぱりこうしたい、こんなストーリーが良いといった要望は、早めに伝えることが肝心です。

また、企画詰めの作業と同時に、改めて納期の確認と今後のスケジュール調整をします。会社の実情に沿った適切なスケジュール設定はとても重要です。例えば、構成案や試写データなどのチェックを行うための期間がスケジュールに正しく反映されていないと、社内の意見を収集しきれなかったり、制作会社への戻しが遅れることで納期がずれこんだりしてしまいます。付け加えると、スケジュールの調整が可能であれば映像全体のクオリティーを上げるためポストプロダクション期間は余裕をもって長めに設定したほうが、漏れなく意見を反映した進行が可能となります。

◇シナリオおよびコンテ作成（数週間～1カ月）

企画内容が決まったら、その内容を具体化するシナリオ・コンテ作成に入ります。コンテとは絵コンテともいい、制作する映像の設計図とも言い換えることができます。完成形を想像しやすいようなイメージをつかめる写真やイラストを使って、撮影するカットおよびカメラワーク、キャストの動き方、セリフなど具体的な演出を記載した資料です。このコンテを軸としながら撮影・編集を進め、映像完成まで進めていきます。そのため、シナリオ・コンテ作成は撮影やアニメーション制作を開始する前に方向性を修正できる最後のタイミングになるので、見落としや違和感はないか、じっくり読み込んで具体的な要望を伝えることが重要です。そして、この作業を行いながらロケハンやキャスティングを並行して進めます。

また、可能であればコンテ内に挿入している画像や仮の素材などを用いて簡易的に映像化する「ビデオコンテ」を制作会社につくってもらうとよいです。このようにいろいろな資料を確認しながら認識をしっかりとすり合わせることができれば、完成したときに「思っていたイメージと違う」という失敗を防ぐことができます。

◇キャスティング

シナリオ・コンテが決まったら、出演者をキャスティングしていきます（シナリオ・コンテより先にキャスティングが決定することもあります）。基本的に完成イメージの世界観に合うキャストやナレーターを割り当てますが、起用したいキャストがいたら制作会社に相談することも可能です。キャスティングは、スケジュールの空き状況を早い段階から確認していく必要があり、知名度のある人気タレントであればかなり早い段階での決定が必要となることもあります。

また、多少前後するタイミングで、カメラマンやヘアメイクなどの撮影に関わるスタッフの選定も行っていきます。

◇ロケーションハンティング

キャスティングと同時並行で撮影を行うロケ地を選定していきます。撮影場所がお客様の保有地以外の場合、基本的に制作会社側でリサーチや許可申請を行います。ロケ地が決まったら実際に訪れカメラアングルの見当をつけたり、周辺環境の確認（騒音・駐車場・トイレの確認など）を行ったり、撮影当日スムーズに動けるように段取りの検討をしていきます。

◇香盤《こうばん》表の作成

香盤表とは、撮影当日の詳細な進行表のことです。誰がいつ現場に入って、どのような順番で撮影を行っていくのかという、スタッフ全員が参照する重要なものです。担当の方が撮影に同行する場合は、制作会社から事前に香盤表を共有してもらえるので、あらかじめ見ておくと現場の流れをつかみやすくなります。

撮影、または映像の素材集め

映像の素材集めの期間は、実写であれば撮影を行い、アニメーションであれば作業に必要なイラスト作成やCGの造形をつくるモデリング作業などをしていきます。このタイミングから映像制作が本格的にスタートするとはいえ、作業が進めば進むほど後戻りは難しくなってきますので、要望や気になる点がある場合はプリプロダクションの段階で必ず共有をしておきます。

◇撮影（実写）　撮影期間：1日～数日間

撮影当日は香盤表どおりに撮影していきます。もちろん担当の方が撮影に立ち会うことは何の問題もありませんが、立ち会いとなると制作会社側としても受け入れ準備が必要になってきますので、必ず事前に立ち会い希望の旨を伝えましょう。撮影現場では制作会社に任せるのがよいと思われがちですが、あとから撮影のやり直しの必要が出てくると追加費用が発生する場合があるので、リアルタイムでどのような映像を撮っているのかチェックできるモニターを見ながら、気になる点があれば積極的にコメントや質問をするのがよいでしょう。

◇イラスト・素材制作（アニメーション）　イラスト・CGの制作期間：約1カ月

キャラクターや背景など映像内で使用するイラストやデザインを制作していきます。フリー素材やテンプレート素材を購入してうまく組み込むことができればリーズナブルで高品質な映像をつくれる場合もありますが、一方で、どこかで見たことのあるようなオリジナリティのない映像になってしまうケースも少なくありません。そのためシナリオ・コンテ作成の段階で、すべて一からオリジナルで作成するのか、テンプレートを活用する箇所はあるのかを確認しておくとよいでしょう。また、イラスト作成の段階ではキャラクターの顔や色など細かい修正指示を出すことができるので、仮のデザインができたタイミングで、納得がいかなければ遠慮せず制作会社に伝えて理想のイメージに近づけていきます。いったんOKを出してしまったあとのイラスト修正は費用やスケジュールにも影響してきますので、あとでブレないようにしっかりと確定させることが重要です。

編集から納品まで（ポストプロダクション）

撮影やイラスト作成など素材集めが終わったあとは、約3週間〜2カ月程度で編集から最終仕上げまでを行います。

集めた素材を編集ソフトのタイムライン上で切り貼りしながらコンテに沿って並べ、BGMやナレーションを入れて仕上げていきます。この段階になると、かなり完成形をイメージしやすい状態でチェックができるので、より細かな部分までコメントをすることが可能となります。映像全体の色味やテロップの出し方、フォントやデザインなど、必ずしも代案を用意する必要はありません。気になるところがあれば漠然とした伝え方で問題ありませんので遠慮せずに伝えるようにしましょう。

◇編集

基本的に編集ではコンテに沿って作業を進めていくため、依頼した側はいったん出来上がりを待つ期間となります。撮影を行っていた場合は、まず撮影した全素材からOKテイクと呼ばれる各カットを選定していきます。そのあと、長さを調整しつつコンテどおりに並べていき、そして、BGMをつけたり映像の色彩を調整したりするプロセスへと続いていきます。

アニメーション映像の編集ではプリプロダクションの段階でつくったコンテに沿って、制作したイラストやテキストにアニメーション（動き）をつけていきます。

◇仮ナレーションを入れる

映像によってはナレーションが必要なケースもあり、そういった場合はまず編集ソフト上で仮のナレーション、通称「仮ナレ」を入れて作業を進めていきます。最終的にはナレーション収録でプロのナレーターによる声が吹き込まれるのですが、その前の仮ナレの段階では文言や内容の確認や、イントネーションに違和感がないかも確認していきます。

この時点で、完成映像にするまで7割程度の進捗です。

◇試写・修正　試写回数：1～複数回、1回の試写時間：約1～2時間（映像の長さによって1回の試写時間は異なる）

初回試写では、7～8割完成した映像を一緒に確認しながら、修正指示を出していきます。

撮影済みの映像を元から修正することはコスト面やスケジュールの都合で難しいことが大半ですが、アニメーション部分はある程度修正指示が入ることを前提にしているので、「テロップのフォントや大きさを変えてほしい」「もっとシャープに見せたい」など、理想のイメージに近づけるための意見を伝えるとよいでしょう。こうして、試写と修正指示の出し戻しを繰り返しながら完成度を高めていきます。「修正回数は3回まで」といったかたちで回数に上限を設けている制作会社もあるので最初に確認しておいたほうがよいですが、私たちは基本的に修正回数は無制限としています。

◇ナレーション収録・カラコレ（色彩の調整）

ナレーション収録がある場合は、映像の修正がほぼ終わった納品直前のタイミングで設定されるケースが多いです。ナレーションの声はプロのナレーターが吹き込むケースが大半ですが、聞き取りやすいきれいな声が必ずしも正解ではなく、伝えたい世界観にふさわしい声質や話し方を考えて選定していきます。あえて意図的に、プロのナレーターではなくお客様側の社員さんにナレーションをしてもらうケースもあります。

誰にナレーションを依頼するのかはポストプロダクションの段階に入ってから決定

するケースも多く、目指す完成形のイメージに沿ったナレーター候補を複数提示されると思うので、ボイスサンプルを聞き比べて選んでもらうかたちとなります。

◇納品

現在はｍｐ４などのファイル形式で納品するケースが多いのですが、希望のフォーマットがあればその形式で納品が可能です。ＤＶＤなどの物理メディアでも問題ないので、気軽に相談するとよいでしょう。

社内外のプロが集結し映像を制作する

映画は「総合芸術」と一般的にいわれます。ブランディングムービーは企業の課題解決という部分に重点がおかれていますが、さまざまなプロフェッショナルの仕事の集合体という点で、映画と本質的な制作フローの違いはありません。このため、一つのブランディングムービーを制作するチームにはカメラマン、照明、録音、スタイリスト、ヘアメイクといった撮影スタッフから、アニメーター、音響効果スタッフなどさまざまな専門家が参加することとなり、制作規模が大きくなるほど関わる人数が多くなります。一人ひとりがベストを尽くして力を発揮しながら、一つのゴールを目指して進んでいく必要があり、スタッフたちをとりまとめる旗振り役はディレクターが務めます。

映像制作は、表現手法や価格の相場感のほか、スケジュールの期間も作品により異なります。多種多様な映像作品を制作するためには、社内のクリエイターをメインにしながら、必要に応じて外部のクリエイターにも依頼するなど、その作品にとってのベストな体制を考えて制作を行うことになります。

制作会社に完全お任せではなく、自分たちも制作を楽しむ

企画の段階を過ぎて実際に映像制作に入ったら、お客様側が参加する場面は少なくなると思われがちですが、そのようなことはありません。私たちが考える理想のブランディングムービーは、携わった人がつい自慢したくなるような映像が理想ですので、できる限り制作会社と一緒に楽しんでつくり上げてほしいと思っています。

撮影現場においては一緒に意見を出し合いながら撮影を進めていったり、エキストラとして出演してもらうようなケースもあると思います。また、編集でも積極的に意見や気になる点を言ってすり合わせることで、お互いが最も良いと思える作品を目指していきます。

私たちはもちろん映像のプロではありますが、お客様のことを誰よりも深く理解しているのはもちろんお客様自身です。主体的にコミットしていただき一緒につくり上

げることで、より良い映像ができると確信をもっていえます。

ムービー制作を楽しむポイント
ムービーの良し悪しの判断基準

ブランディングムービーでは、クオリティーの高さが重要になります。ここでいうクオリティーとは映像の美しさやつくり込みの精度の高さのことです。クオリティーはブランドの印象を左右するため、メッセージが立派でもそれに見合ったクオリティーを出せなければ、視聴者の心には届きません。

しかし、クオリティーが高ければそれでいいかというと、そうともいいきれず、ケースバイケースだと思います。以前、サッカーのサポーターが自宅やスタジアムなど、さまざまな場所で試合を観戦するシーンを撮ることがありました。このとき、自宅や職場で観戦し得点に歓喜する場面では、あえて撮影スタッフは一人も入らず完全にお任せで、自身のスマートフォンでいわゆる自撮りをしてもらいました。スマートフォンなので映像がすごくきれいというわけではないですが、おかげでリアルで躍動感溢れる、視聴者が共感しやすい映像になりました。仮に私たち撮影スタッフが自宅にお邪魔して高機能な機材を用いて撮影していたならば、いわゆるクオリティーの高い映像にはなったでしょうが、同時にどこかつくられたような雰囲気の映像になったと思います。

また、撮影においては、撮影する側とされる側の関係性や場の雰囲気が非常に重要です。例えばインタビュー撮影を行う場合、アイスブレイク的な話題もなしにいきなり本題から入るようにインタビューをすると対象者が緊張してしまい、その緊張がそのまま映像に現れてしまいます。インタビュー撮影で相手を緊張させないためには、信頼関係を築く第一歩として、お互いに自己紹介や雑談をします。たわいもないことと思われますが、これをするかしないかでは出来上がった映像に差が出てきます。打ち解けてから撮影することで、言葉や表情、話し方などが自然になり、人の心に届きやすい映像となるのです。これは映像の美しさといった意味のクオリティーとは異なる次元の話であり、真実味をもって話をしてもらうことで映像に説得力をもたせ、それにより映像を視聴している人の心にメッセージがより届きやすくなります。このようにさまざまな要素を加味しながら一本の映像は制作されていくのです。

プロデューサーの定義

多くの映像制作会社と私たちとでは、プロデューサーという言葉の定義が異なります。一般的にはプロデューサーの立ち位置は、企画を統括する責任者ですが、私たちの会社では企画統括の責任者であるとともに営業もプロデューサーが担当しています。

一本の映像作品は、映像制作のプロと、想いを伝えたいという熱意をもったお客様の共同作業によって完成します。そのため、お客様のイメージを間近で共有するプロデューサーという役割は必要不可欠なのです。それに対し、ディレクターはプリプロダクションから撮影・編集までの工程を通して、プロのスタッフをディレクションしていく役割をもっています。もちろんプロデューサーという役職がなく、ディレクターのみで構成された制作会社もあるのですが、そのような映像制作会社の場合は社長が一人で仕事を取ってきて、あとは現場のスタッフが制作を行うだけというパターンも多かったりします。プロデューサーが費用や進行、映像の品質管理をするほか、現場では常にお客様に寄り添う役割を担い、ディレクターよりも高い視座をもった責任者の立場になります。

プロデューサーはお客様に不安感などを与えないように気を配って意向を引き出すことに注力し、ディレクターは準備段階や撮影でより良い作品が出来上がるように意識を集中させます。つまり、プロデューサーはお客様と現場をつなぐ架け橋なのです。

映像制作だけで終わらない

一般的に映像作品を納品したら、制作会社としての業務は終了します。しかし、映像制作はあくまでも手段であってゴールではありません。映像を受け取ったお客様はテレビやYouTube、SNSなどのさまざまなメディアで映像を流し、ブランディングをしていくことになります。ブランディングを浸透していくための一つの手段としてよく用いられるのが広告運用ですが、自社内に広告運用の担当者がいないという会社は、納品して終わりではなくその先の映像活用を支援する広告運用も担う一貫した対応を行ってくれる制作会社を選ぶと、よりブランディングの効果を発揮することができます。

広告運用まで行っている制作会社を利用するメリットとして、次の2つが挙げられます。

①配信戦略に合わせた映像が制作できる

映像制作チームにマーケターが加わることで、より戦略性をもった企画を考案することができます。例えば、地方の自治体から観光客を増やしたいという依頼があったとします。マーケターが現在の旅行者の年齢などから動向や目的を調査し、メインのターゲットを決め、そしてそのターゲットが行きたいと思うエリアの強みとつなげます。それを映像の企画に結びつけることで、ターゲットとなる視聴者は興味を抱き、共感し実際に現地に行きたいと感じてくれます。マーケターが介入することで、より高い効果を生むことになるのです。

②効果検証を行い、反応の良い映像に変更できる

配信するうえで、考えなければいけない重要なことは、その時々の表現のトレンドや社会の状況により、視聴者の心に響く映像は変わってくるという点です。事前に複数の仮説を立てて映像を準備し実際に検証することで、より効果の高い映像に仕上げることが可能となります。また、不測の事態があっても映像を差し替えることで対応

することが可能となり、映像の効果を持続またはより発揮させることができるのです。

よくある例として動画をYouTubeに上げているけれど、再生回数が伸び悩んでいるという企業も少なくありません。その場合、広告配信に知見のあるマーケターが制作フローの初期の段階から参加することで「こういう映像にしましょう」「YouTubeでこういう人をターゲットにして、映像を見てもらってこのような効果を狙いましょう」などと提案することができ、狙いどおりの効果を生み出す近道になります。

第5章

認知度の向上、新規顧客の獲得、社員への理念浸透……

映像制作でブランディングに成功した5つのケース

【事例1】 川崎フロンターレ

データ

クライアント：サッカーJ1・川崎フロンターレ
ムービータイトル：FOOTBALL TOGETHER
～すべての人と共に歩む私たちの信念
制作年：2023年
ジャンル：ブランディングムービー
手法：実写
ムービーの長さ：約10分30秒
ムービーQRコード

◇川崎フロンターレとは

神奈川県川崎市をホームタウンとするプロサッカークラブ。前身は富士通サッカー部。1997年にチーム名を川崎フロンターレに改称し、1999年からJリーグに加盟している。

ミッションに「スポーツの力で、人を、この街を、もっと笑顔に」を掲げ、サッカーだけでなく、市民・地域社会での活動にも力を入れる。市民・地域社会と一体となって困難を乗り越え、実績を積み重ねていくことで、スポーツが生活のなかに溶け込み、健康と人生の楽しみを享受できる街の実現に努めている。

2017年にJ1リーグで初優勝して以降、2021年までの5シーズンで6つのタイトルを獲得するなど日本屈指の人気・強豪クラブとなった。

◇作品の概要

川崎フロンターレのクラブ創立26(フロ)周年をきっかけに、社員計21人と一緒にエレファントストーンのフラッグシップブランド「ROOT」でブランディング映像を制作した。全13回×2時間のワークショップを通して、川崎フロンターレの価値観の掘り起こしから映像の企画検討、そして映像活用の検討までを実施した。

映像は、ドキュメンタリーの手法を採用し、選手やスタッフだけでなく、サポーターやボランティア、川崎市内の商店街の人たちにも出演してもらった。川崎フロンターレを中心に「すべての人たち」がサッカーを通じて交わり、日々の生活や人生において前へ進む活力をもらう「FOOTBALL TOGETHER」の精神を表現している。

2023年1月の「川崎フロンターレ新体制発表会見」で初公開し、SNSや川崎フロンターレにゆかりのある施設で放映されている。

歴史がつくられたがゆえのギャップが課題だった

実は、私は会社設立の前から川崎市に住み、川崎フロンターレのサポーターをしています。映像制作の仕事は2017年に初めてご依頼をいただいて以来、スタジアムで試合前に流れる選手紹介の映像をつくるなど、継続的に一緒にお仕事をさせていただいています。

それは、一つひとつ制作をするうちに私たちのスタッフがサポーターに届けたい想いを汲み取って象《かたど》ってきたことが評価へとつながり、さまざまな楽しいご依頼や大きなプロジェクトを任せていただけているのではないかと思っています。

一方、私たちは2022年4月に「ROOT」というサービスをスタートさせました。「ROOT」は伴走型ブランディング映像制作というもので、ヒアリングやインタビューだけでなくワークショップやオリジナルで制作した「THE KACHINKO」という価値観探求型のボードゲームなどを通じて企業や自治体などの根っこにあるDNAや価値観を掘り起こし、映像化する方法です。

川崎フロンターレに「ROOT」の提案をしたところ興味を示していただきました。そこには川崎フロンターレがより良い組織構築のために、新しい研修を積極的に取り組もうとしていた背景があります。

設立当初、川崎フロンターレは、Jリーグのなかでも下のカテゴリーからスタートし、後発クラブのためすぐに人気が集まることはなく、また2001年にヴェルディ川崎（現・東京ヴェルディ）が拠点を川崎から東京に移し、野球界では1992年にロッテオリオンズ（現・千葉ロッテマリーンズ）が拠点を川崎から千葉に移すなどの影響により、川崎市民はプロスポーツクラブに対して必ずしもプラスではない感情を抱きがちでした。そのような逆境のなかで、ほかのクラブとは比にならないほどに、選手を中心に一丸となり積極的に地域に密着して活動をしていきました。そして、2017年にようやくJ1リーグで初優勝を果たし、現在に至るまで大躍進を遂げています。

そして、創立時の閑古鳥が鳴いているスタジアムの時代から関わっている人たちのマインドと、ビッグクラブになってから入社した社員や加入した選手、新規のサポーターとの間で若干ですが価値観の相違が生じてきました。例えば、川崎フロンターレには「ブーイングしない」「負けても拍手してチームを鼓舞する」というカルチャーがあります。その背景としては設立した当初、子どもや女性など多くの人々が安心してスタジアムに足を運べるようにしたいという想いがありました。そのようなカルチャーがなぜ生まれたのか昔から応援してきた人は知っていますが、最近サポーターになった人のなかにはもともとの由来を知らない人も少なくないでしょう。

企業や組織が急激に拡大すると、世代や入社年次の違いで意識のギャップが生まれることはよく生じることであり、これを解消する手段として一つ挙げるならば、価値観の再認識やすり合わせが重要だと思われます。

13回のワークショップで根っこの想いを引き出す

「ROOT」として本企画をスタートしたとき、川崎フロンターレ側の映像制作のワークショップに参加された社員さんたちは、半年以上ある期間でどのようなプロセスで進んでいくのかは深く把握されていなかったと思われます。もちろん、私たちはこれまでの経験がありますので、必ず成功すると確信していました。しかし、「ROOT」のサービスを実施するのは初めてであったため、実例を提示できたわけではありません。それでも、今までの映像制作の取り組みを通して、私たちの想いを汲み取る姿勢を理解していただき、前例のない「ROOT」というサービスにも不安をもたれることなく前向きに参加いただけたのだと思います。

「ROOT」の特徴は、多数の関係者を巻き込んでワークショップを複数回開催し、歴史や価値観を言語化することです。川崎フロンターレの場合は、さまざまな役職や部署の社員21人が参加し、研修として約2時間のワークショップを計13回開催しました。21人は当初「ROOT」の適正参加人数として想定していたより多かったのですが、参加人数が多いということはそれに比例してワークショップを通して明確になった価値観や考え方を社内に浸透させることのできる人の数が多くなるということになるので、結果的にはたいへん有意義であったと考えています。

通常の映像制作ではお客様の「こういう映像をつくりたい」というオーダーが最初にあって、そこから私たちが着手していきます。しかし「ROOT」では、どういう映像をつくりたいか、誰に向けた映像にしたいか、ということをあえて決めずに始めます。そのため、最初のプロセスはWhat（何を伝えたいのか）、Who（誰に伝えたいのか）、How（どのような目的なのか）を考え、自分たちが映像という手段を用いて、何を誰に伝えてどのような目的、効果をもたらす映像をつくりたいのかを明確にすることにまず取り組みます。これらを考える場がワークショップであり、このプロセスによって自社の本質や深層部分と向き合わざるを得なくなります。つまり、どういう

価値観探究型のボードゲーム「THE KACHINKO」

映像をつくるべきかを考え議論するプロセスが、そのまま研修としての役割を果たすことになるのです。

初回のワークショップは、プロジェクトの趣旨説明から始まりました。そのあと、川崎フロンターレに対して感じている想いをそれぞれが話し合い共有していきます。主な議題は、躍進とともに組織が急拡大し、価値観や想いが関係者全員に浸透しづらくなってきているのではないか、ということでした。

そのあと、4つのグループに分かれ、お互いを知るための自己紹介や仕事を通していちばん印象的だった経験などを話

川崎フロンターレの4象限

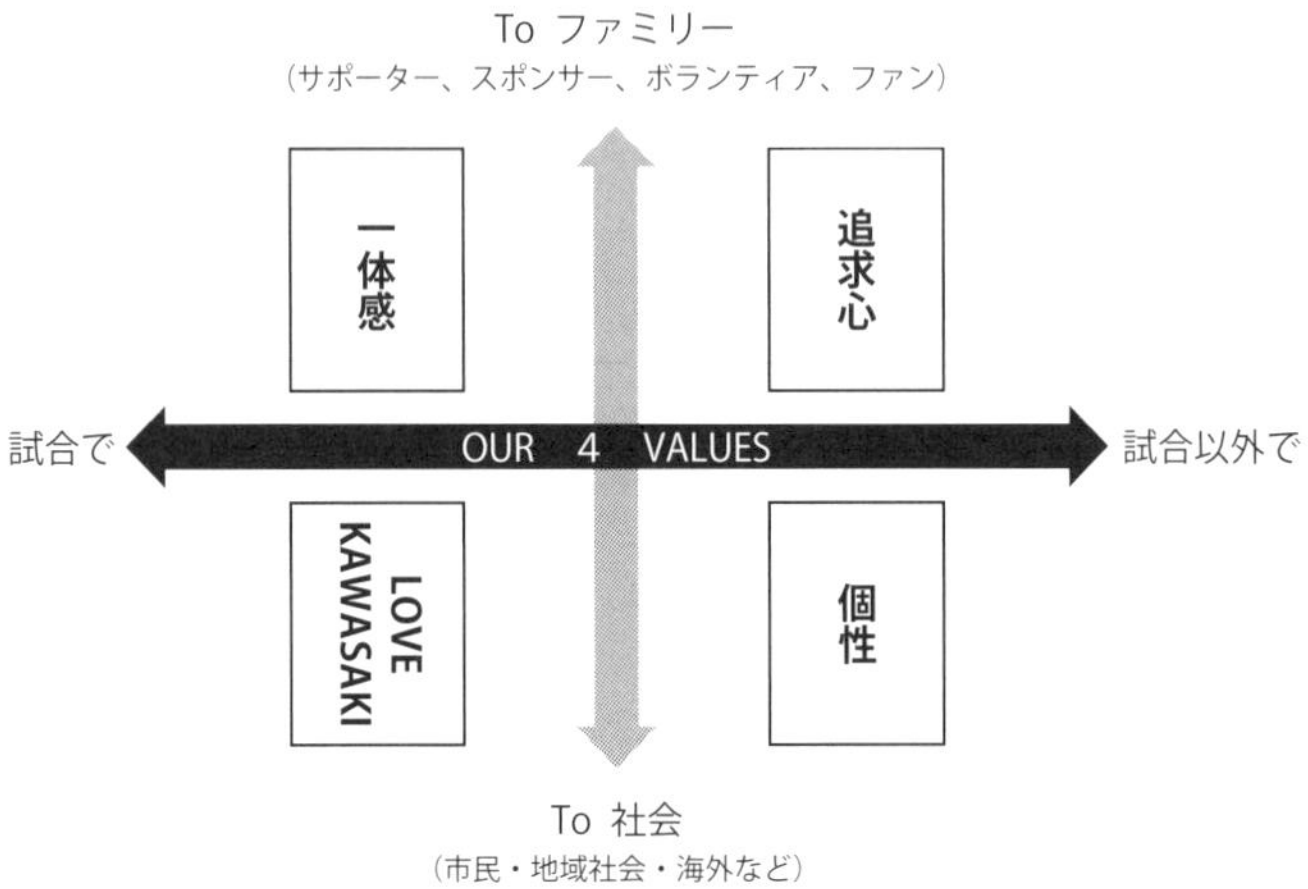

著者作成

し合ってもらいました。ワークショップの狙いの一つは、会社の根っこを深く掘り起こすことです。お互いの関係性を良好にしなければ、深い話し合いをすることは難しいといえます。さまざまな部署から多種多様な方々にお集まりいただけたおかげで、副次的な作用ではありますが、会社のほかの業務内容などについて把握する機会にもなったとコメントをいただきました。

2~4回目のワークショップは、オリジナルボードゲームの「THE KACHINKO」を使い、参加者の価値観をシェアして掘り起こす作業です。21人が7人ずつ3

チームに分かれてゲームに取り組みました。

今回、抽出する価値のテーマは「すべての人に知ってほしい、川崎フロンターレの大切な価値観は？」としました。参加者の皆さんそれぞれが4つのワードに絞ったあと、横軸を「試合で↕試合以外で」、縦軸を「To ファミリー（サポーター、スポンサー、ボランティア、ファン）↕To 社会（市民・地域社会、海外など）」にして4象限をつくり、分類していきました。今回の「THE KACHINKO」は人数が多かったため3チームに振り分け、3チームから4ワードずつ選定していただき、最終的に3チームから出てきたワードを象限ごとに「1つの価値観ワード」に収束させていきます。そのプロセスを通して議論の結果、ブランディングムービーの制作は、「一体感」「LOVE KAWASAKI」「追求心」「個性」、この4つのワードを軸に進行していくこととなりました。

1回目のワークショップを経てある程度関係性ができていましたが、「THE KACHINKO」というゲームをしながら価値観を深掘りすることでよりお互いの関係性を構築することができ、お互いの関係性を深め、皆楽しんで参加してもらうことができました。

興味深いことに、「THE KACHINKO」を通して新たに選びつくり出した4つのワードが、元からあった川崎フロンターレの企業理念の価値観の4つの言葉とほとんど同じ意味の言葉になりました。川崎フロンターレの根っこの価値観や考え方がすでに社員さんに浸透していることで、私たちはこのプロセスの重要性を再認識しました。

もちろん私たちは誘導をしていませんし、川崎フロンターレの社員さんもこのプロセスに納得していました。ただ、私たちが行ったのは、ファシリテーションをして第三者の視点をもって言葉の類似性や分類について問い掛けることでした。つまり、多様な意見を整理しながら重要なポイント、ここでは想いを抽出し、多様な価値観を顕在化させ意見を収束していく役割を担っているのです。これは、ブランディングをするうえで、外部の視点が大事だということを示しています。

5〜11回目のワークショップは、企画と撮影、編集会議を進め、映像を届けたいターゲットの決定について、幾度となく議論しました。

ディレクターはそのワークショップを振り返り、次のように語っています。

「世代間のギャップを前提に、サポーターや一般の人に向けて公開する映像をつくろうという方々と、公開せずに社内向けの映像にしようという方々で半々に分かれました。外向けを支持する方々は、いちサポーターや、地域の商店街、ボランティア、パートナー企業などに関わるすべての人にも川崎フロンターレの想いや価値観を分かち合いたく、映像をつくる以上、そうしたステークホルダーに響くものにしたいという見解です。一方、社内向けに制作すればオブラートに包まないメッセージを届けることが可能となり、より効果があるのではないかという意見もありました。どちらも正しい意見であり、どちらか一方を否定することはできません。ターゲットをどちらにするかで、つくるべき映像はまったく異なります。多数決で選んでしまうと、納得感が醸成されません。また、最大公約数的な意見を採用してしまうと、どうしても輪郭がぼやけてしまい想定を超えた映像づくりにはなりません。自分たちで話し合いつくり上げることが大切だと考えています」

しばらく答えが見えずタイムリミットが迫るなか、ターゲットやストーリーの内容などを決める「メッセージチーム」と、現実的に準備を進める「撮影準備チーム」、そして表現手法や音楽を検討する「表現手法チーム」に分かれて進行することが決定しました。

ターゲットについては、双方の意見の代表者で協議をしましたが平行線をたどったままでした。しばらく議論が行き詰まっていると、ある新人の女性社員さんが、外向け、サポーター向けの映像にしようと発言されました。彼女の意見は、川崎フロンターレは社員とサポーターが同じ想いを共有していて、これはほかでは類を見ない特殊な関係性だというものでした。

確かにサービスを提供する側と受ける側で両者の想いに隔たりがない川崎フロンターレは、ほかの会社などと比較してもまれな存在です。そのような川崎フロンターレだからサポーターの皆さんの心に響く映像をつくれば、社員の心にも絶対に届くはずだというのが彼女の考えでした。彼女が意見を述べた瞬間に空気が明らかに変わりました。みんなが深くうなずき、満場一致で意見が集約したのです。これも、半年近く一緒に研修を行い、お互いに打ち解けたからこそ成し得たことだと思っています。

ターゲットが確定したのが、最初の撮影が開始するまで1カ月を切っていました。

並行して進めた映像表現については、参考映像を基にどういった形式がふさわしいかの話し合いを行いました。参加者に参考映像をもち寄ってもらうと、「ドキュメンタリー」(リアルな姿を映す形式)、「ドラマ」(映像にストーリーをもたせる形式)、「リアル×演出」(ありのままの姿を映しながらストーリー性をもたせる形式)の3つに分類されたため、これらを軸に実際にやってみたい映像表現を検討していきました。具体的に映像を見ると、イマジネーションが膨らみ、次々と意見が飛び交い、スタッフを追い掛けて裏側も見せる密着ドキュメンタリー形式や地域の商店街の撮影など、川崎フロンターレの内部を理解した社員さんならではの豊富なアイデアが溢れ出てきました。

映像企画のたたき台となる案は私たちから提出しています。当初は「過去の栄光を超えていこう」というニュアンスのストーリーを提案していたのですが、社員さんからそれだと過去が否定される対象になってしまうというご意見がありました。そして、話し合いを重ね、サポーターの一人ひとりが抱えている想いは人それぞれなので、そのすべてを包み込んで肯定して、川崎フロンターレと関わる人がこれからもともに歩んでいくための道標となるストーリーにしようと決定したのです。そんな想いから川崎フロンターレが常日頃から大事にしている言葉の「FOOTBALL TOGETHER」がテーマに決まりました。見た人が感動し、胸が熱くなって、見たあとに同じ方向を向いて進んでいける映像になるように、ストーリーに沿って、誰に出演してほしいかについても話し合いで進めています。

ストーリーづくりについて、ディレクターはこう話しています。

「実はディレクターとして関わった自分も、お客様を知るために試合を観たり調べたりしていくうちに好きになっていって、本当にサポーターになってしまったのです(笑)。新参サポーターなので古参の皆さんから、2017年のJ1初優勝が人生最高の瞬間だったというようなことを聞くと、その体験を味わっていないので、素直にうらやましいと感じてしまいます。だから、最初は過去の伝説を乗り越えようというストーリーを提案したのですが、それだと過去がベースとなってしまい、昔から応援しているサポーターと新しいサポーターの両方を大事にしたストーリーに沿っていません。そこで、ここまでの歴史を振り返るような表現は避けて、今にフォーカスすることにしました。長いプロセスがあって初めてつくることができたストーリーだったなと思っています」

撮影依頼や撮影素材集めなどの作業も、ワークショップの参加者と私たちで分担・協力し、進行していきました。そして、試合後のワークショップで編集会議を実施し、集まった撮影素材を確認して映像完成に向けた話し合いを行ったのです。この時の意見を基に追加撮影も実施しました。音楽は今回の映像で伝えたい感情を表現するのにふさわしいと思った作曲家に依頼し、「FOOTBALL TOGETHER」を表現する完全オリジナルの楽曲をつくっていただきました。

さらには、映像の公開タイミングと掲載場所についてもワークショップで検討し、その結果2023年1月の「川崎フロンターレ新体制発表会見」での初公開に至っています。

誰が見ても「これぞ川崎フロンターレ」を感じられるムービーに

「FOOTBALL TOGETHER」には、市民、選手、スタッフ、スポンサー、サポーター、すべての方々とともに歩むという信念が込められています。そのすべてを表現するには、たくさんの撮影が必要でした。そこで、等々力陸上競技場で行われたホーム最終戦の1日をさまざまな人の目線で描くことにしたのです。試合前の準備をするスタッフや続々とスタジアムに集まるサポーター、ボランティアスタッフ、スタジアム周辺の商店街などのさまざまな人の姿と肉声、そして試合中の様子を映像に収めます。一つの試合には、ものすごくたくさんの人が関わります。

アウェイの味の素スタジアムでの最終節の試合に移ると、試合会場だけでなく飲食店や家庭、家電量販店などさまざまな場所で応援し、歓声を上げる人たちが次々と登場してきます。そして、2022年のシーズンは終わり、選手たちに自分を重ね日常生活の糧とする人たちの姿が映し出され、最後に、選手やスタッフ、サポーター、商店街の人々や子どもたちなどさまざまな川崎フロンターレに関わる方々がカメラに向かって1人ずつグータッチをして映像は終わります。

ムービーが2023年1月22日の「川崎フロンターレ新体制発表会見」で初公開されると、たくさんの反響がありました。Twitterでは「フロンターレを好きな方が撮影&編集してくださったんだなぁということがとっても伝わりました」「最後のグータッチで思わず涙腺が緩んだ」「クラブと選手とそれを取り巻く人々の想いの近さはどこにも負けない！」などの言葉が並びました。ほかのクラブのサポーターも評価してくれたこともとても心に染みわたりました。新体制発表会見で生配信されたYouTubeの映像は再生回数が10万回に達しています。

一緒に制作した川崎フロンターレのスタッフたちからも、それぞれがもつ価値観のなかで、課題解決に向けてみんなが納得できるバランスの取れた案を考えるのが楽しかったという感想をいただいています。

川崎フロンターレでは、一連のワークショップの前後で社長が新入社員さんと1on1をした際、社員さんがサッカーの試合を運営するだけの会社ではないという自覚が芽生えるなど大きな成長が感じられたようです。

映像づくりを通じて、川崎フロンターレが大切にしていることをかたちにしました。

根っこにある価値観や考え方などの想いがしっかり映像に反映できたからこそ、視聴者の心を大きく揺さぶったのだと思います。そして、映像制作のプロセスで川崎フロンターレの深層の想いに触れ可視化し、共有することで社員さん一人ひとりが感化されるといったインナーブランディング効果も生まれました。「FOOTBALL TOGETHER」の想いの言葉に集約されるように、多種多様な人たちと川崎フロンターレが深層的な部分で大切な想いを共有し、それが映像に象《かたど》られることで、影響力を増し、視聴者の心に触れることができたのだと考えています。

たくさんの企業や自治体のムービーを制作して改めて思うのが、企業が抱える課題は企業や業種を超えて普遍的なものだということです。サッカークラブも、映像制作会社も、どのような企業であれ根本的な課題にそれほど大きな違いはないと私は考えます。

【事例2】 長生《ちょうせい》村

データ

クライアント：千葉県長生郡長生村
ムービータイトル：長生ノスタルジア
制作年：2019年
ジャンル：プロモーション映画
手法：実写
ムービーの長さ：約30分
ムービーQRコード

◇千葉県長生村とは

千葉県長生村は九十九里浜に面する県内唯一の村。年間を通して気候は穏やかで、住みやすい。人口減少や少子高齢社会に対応するため、交流イベントや移住フォーラムなど地方創生の取り組みを主体的に行っている。

◇ムービーの概要

「長生村には村を知ってもらえるようなイメージ映像がない」という相談を受けたため、長生村を舞台にした物語をつくり、その物語を通じて四季折々の美しい風景やイベント、人々の暮らしなど村の魅力に共感してもらおうとプロモーション映画を提案した。約1年かけて10回以上現地で撮影し、約30分の映像に収めた。作品は、門真国際映画祭2020観光映像部門の「最優秀作品賞」を受賞するなど対外的にも評価されている。

◇ストーリー

仕事を辞め、父が一人で暮らす長生村に帰ってきたアカリ（谷口 蘭）。春、夏、秋、冬と巡る季節のなかで、ふと忘れかけていた昔の記憶が蘇ってくる。親友と行った夏祭り、父との思い出の海。改めて村の魅力を感じ、長生村での新しい暮らしへと歩みを進める――。

「何もない」村で、映画をつくる

長生村の担当の方からのお問い合わせがプロジェクトスタートのきっかけとなりました。私たちは以前、長生村の近隣自治体である長南町の観光プロモーション映像を手掛けたことがあり、その映像を評価してもらい、ご依頼いただくことになりました。

日本では、人口減少や少子高齢社会に対応するため全国的に地方創生の取り組みが進んでいます。地方では、若い人がどんどん都会に出てしまうことによる、人口減少や少子高齢化、地域衰退などの問題を抱えていて、少なからず長生村も例外ではありません。

２０１９年の撮影当時、千葉県内でもＰＲ動画を制作する市町が多くある一方、長生村には村の魅力を拡散する映像はありませんでした。村の観光マップをつくったり、印刷物を作成して配ったりなどプロモーション活動として実施していましたが、想定していたほどの成果には結びつかなかったようです。このため、地方創生の取り組みのシンボルとして、さらに移住や観光の促進、誘致の際に使える実用的な武器として映像を制作したいということでした。

ただ担当の方によると、長生村といえばこれというような秀でた観光資源や特徴がないというお話でした。そのため、とにかく視聴者に良い印象を抱いてもらえるようなムービーをつくりたい、という漠然としたイメージしかありませんでした。

そこで、まず村の年間イベントや農産物、景勝地などを担当の方に紹介していただきました。次に、どのような映像にしたいのかイメージを膨らませるために、こちらから具体的にドキュメンタリーやミュージックビデオなど企画案を提示しました。そうすると、イメージが湧き意見も出てくるようになり、こちらも追加で企画案をどんどん提出しました。その一つの案で映画制作があり、村の担当の方はやりたいようでしたが、本当にできるのだろうか、と疑問を抱いていました。映画という表現手法に魅力は感じていても、村の良さをアピールするスポットや特産物を個別にＰＲできるものなのか不安感があったのだと思われます。しかしながら、映画案も長生村の魅力を大いにアピールできると考えたため、映画案とプロモーション映像案の折衷案で話を進めました。そして、最初に企画を提示する際に、いわゆるコンテや構成案ではなく映画のシナリオをお渡ししました。村を舞台にした物語をつくり、視聴者が登場人物たちの感情に共感することによって、作品の舞台になっている長生村の良さが最大限にアピールできるのではないかと考えたのです。

折衷案とはいえだいぶ映画寄りの作品に仕上がりました。実は、映画業界出身のスタッフが数多く在籍しているという利点が今回の制作に存分に活きています。通常ならば、映画は工数や採算性を考慮すると選択肢に挙がらない手法であり、一般的に映画はまれな企画案です。しかし、私たちの強みがあるからこそできるチャレンジングな選択であり、長生村の良さを視聴者に伝えるためには映画がいちばん適切な表現方法であると私たちは結論づけました。

2019年の当時を振り返ると、長生村の担当の方が何もないと強調していた理由は、バズ動画が地方自治体で流行っていた背景があるからだと思われます。ほかの地方と比較してもこの村にはバズらせるような要素が見当たらないと感じていたのです。

しかし、目的はバズらせることではなく魅力を視聴者に伝えることなのです。確かにバズ動画は話題がありましたが、話題性だけを追い求めてしまうとブランディングの本質を見誤ってしまいます。私たちは、ほかの地域とは違う、長生村の独自の魅力を映像化するにはどうしたらいいか検討に検討を重ねました。

その際私たちが強く意識していたのが、地域情報を入れた映像をつくるのではなく、きちんと映像作品として成立させるということでした。当たり前のことですが、映像を通じて長生村はいい場所だと伝えるには、まず映像を視聴してもらう必要があります。視聴してもらうには、プロモーションだけではなく映像作品としてストーリーが描かれ、視聴者の感情を揺さぶらなければ成立しません。

長生村の見どころをピックアップし、優先順位をつけた結果、春は桜や菜の花、夏はちょうせい盆踊り大会やながいきそば、秋は岩沼の獅子舞やながいきフェスタ、そして冬は特産品の青のりを撮影することになりました。村からすればどれも当たり前の存在である穏やかな日常や暮らし、季節ごとの美しい風景なのですが、客観的に見るととても魅力的で人の心に訴えかける温かみがあります。また、物語のなかで長生村での暮らしをしっかりと映像で伝えたいと私たちは考え、長生村の四季の変化を描くストーリーを軸に、1年かけて美しい四季を撮影することにしたのです。

制作について、何度も村に通った担当のディレクターはこう話しています。

「初めて訪れたときに、とにかく空が広いと感じました。東京では絶対に見られない景色です。そして、訪れるたびに『こんなすてきな場所があるんだな』とか『きれいな光景があるんだな』と思わされました。また、東京のまったく知らない映像制作会社の人間がいきなり村に来たというのに、地元の方々には本当に温かく迎えていただき撮影にも協力的でした。そのようなこともあり、撮影を重ねるうちに村の温かみを肌で感じ、村に対しての想いが強くなっていきました。村になじんでくると、自分も村の住民という感覚で撮影ができたように思います」

長生村の魅力と考慮すべきポイント

【長生村として発信したい魅力（地域資源）】	×	【地域活性を考えて考慮すべきポイント】
海・青のり・ながいきそば・そばの花・アイガモ農法・トマト・ながいきフェスタ・ちょうせい盆踊り大会・岩沼の獅子舞・ながいき元旦祭・太巻き寿司作り・ながらみ・桜（尼ヶ台総合公園）・菜の花・プラネタリウム・移住者が多い……etc.	×	・従来の産業を見直す 産業が乏しく、希望した仕事が見つからないことで都市への人口が流出してしまうケースが多いので、長生村の魅力（伝統的なものや新しい産業）を発信することで後継者を希望する人の流入を見込む。 ・ワークスタイルとライフスタイルを魅力的に見せる 長生村で暮らすことで得られるライフスタイルや農業などにおいては、おいしいものを工夫してつくるプロセスを映像で紹介する。伝統的な青のり養殖においては「匠」のイメージで仕事をクールに見せる。また、場所を選ばないリモートワークについては閑静ななかで落ちついて仕事に取り組める様子を映し、都市からの移住を狙う。

長生村の魅力と考慮すべきポイントを連動させストーリーに落とし込むことでプロモーションの効果を最大限引き上げます。

プロデューサーにも、当時のことを聞きました。

「撮影初日にエンディングを撮り、そのエンディングから遡って撮影をすることが大変でした。1年を通じて撮影をするのですが、撮影開始は4月、納品は翌年3月末と決まっていて、桜の時期をエンディングにしたかったので、無理にでも最初に撮らなくてはなりませんでした。

そのうえで、四季の変化や産業、ライフスタイルをすべて織り込みました。僕たちは最初、長生村のことを何も知りませんでした。そのため、どんな地域産業があって、季節のおすすめ景色やその撮影はいつ頃可能であるのかなどと、積極的に質問をさせていただきました。担当の方は当初謙遜して何もない村と仰っていましたが、会話をしているうちに徐々に魅力となるものやエピソードが出てきました。しかも、担当の方の熱量もだんだんと高まり村への愛情が溢れ出し、僕たちも相乗効果でその気持ちに応えようとします。そのようなシナジーが映像に表れていると思います。こんなにも熱心に村の魅力を教えていただいて周りの方々も協力してくれたのですから、僕たちも全力をもって応えなければいけないし、絶対に無駄にはできません。そうやって、良い意味で僕たちを巻き込みつつ、担当の方自身も巻き込まれてつくり上げた作品です」

映像制作というプロセスを通して生まれた変化

長生村の映像制作でも、受け身になることも多かった担当の方や村の方々が制作にのめり込んでいきました。担当の方は打ち合わせ当初から比べるととても積極的になられ「これを撮ったらどうでしょう」と発言してくださるようになりました。村の良さをどんどん再確認してもらえたのだと思います。これも、映像制作というプロセスにインナーブランディングの効果があるということを実証した例となります。

また、村の方々が映像制作に積極的に参加できた背景には、スタッフの配慮もあるかと思います。ディレクターは撮影のたびに、撮影映像を粗つなぎしたラッシュ映像を担当の方や協力してくれた方々に提示していました。ラッシュ映像とは、音声が入っていない未編集の映像となり、撮影の状態を確認するための映像のことです。ラッシュ映像を初めて見た人は驚きを隠せないものです。自分たちが普段目にしている風景を画面越しに作品として見ると、見慣れた景色であってもまったく別ものとして映り、新鮮さを感じると思います。そのようにして関係性を築くことで、私たちに対して想像以上の映像をつくってくれるだろうという信頼感を抱いてもらえたような気がします。映像として確認してもらうことによって、この風景も撮ってほしいという意欲が湧いてきたのではないかと感じています。

出来上がったムービーが村の誇りに

スタッフは妥協せずにこだわり抜いた作品をつくり上げました。長生村の文化会館で開かれた完成披露上映会には、私たちもバスで駆けつけ、村の方々も映画を視聴するために会場いっぱいに集まってくれました。

約1年間の撮影にすべて立ち会った担当の方は、撮影の都度、ラッシュ映像を確認していて、制作サイドの気持ちで完成した映画を観ていたのですが、良い意味で裏切られたと感激していただきました。また、村の方からも映像がきれいで良い意味で長生村じゃないみたいだ、という声が多く上がり、担当の方は「でも、実際にすべて長生村を舞台に撮影されているものですから本当の長生村ですよ」とみんなの反応に喜びながらお答えしていました。

この作品は内部で喜んでもらっただけでなく、客観的にも評価をしてもらいました。門真国際映画祭2020観光映像部門の「最優秀作品賞」を受賞したほか、国際短編映画祭ショートショートフィルムフェスティバル＆アジア2020の「観光映像大賞官公庁長官賞」ファイナリストにも選ばれました。長生村交流センターの1階フロアに「長生ノスタルジア」のコーナーができて、大きなモニターや賞状が置かれています。長生村の方々にこの作品に満足していただき、そして大切にしていただけて、私たちもうれしい限りです。

やはり、成功作品に共通しているのは、スタッフがお客様のことを深く理解しようと歩み寄り、その過程でお客様の魅力に惹きこまれ、好きになっていくということです。プロデューサーもディレクターも長生村に何度も足を運び、担当の方との関係性を築きました。

長生村のほかにも自治体のブランディング映像はいくつか制作してきましたが、自治体のブランディングと映像は特に相性がいいと感じています。自治体の風景や特産物、住民の暮らしや人柄をリアルに届け、感情を揺さぶることができるからです。しかも、映像制作の過程や出来上がった映像によって、自治体の担当の方や住民の方々に自分たちの魅力を再発見してもらえます。お客様が映像作品として自分たちの姿を見ると、自分たちのなかでは日常化して埋もれてしまった魅力を広い目で視聴することで再認識することができるのです。

ディレクターはこう語っています。

「長生村にとってシンボル的な作品ができて『誇りづくり』に貢献できたことはうれしいことですし、対外的にも広がりが出た作品としてとても印象に残っています。最初、ＰＲ映像の案件のご依頼から始まり、映画になり、そして映画祭で受賞してグッズもできました。映像作品だけで終わらず、さまざまなＰＲで使われるという事例になったのがすごいことだと思います」

【事例3】　ＪＩＣＡ

データ

クライアント：独立行政法人国際協力機構（ＪＩＣＡ）東京センター
ムービータイトル：世界で見つけたわたしの物語
制作年：２０２２年
ジャンル：インタビュー映像
手法：実写＋アニメーション
ムービーの長さ：約8分×３本
ムービーQRコード　「エチオピアが教えてくれた！」

◇JICA東京センターとは

JICAが全国15カ所に設置している国内拠点のなかで、最大の事業規模および宿泊受け入れ規模をもつ。1985年の設立以来、5万人を超える開発途上国人材に「日本の知見と技術」を伝える研修事業のほか、JICA海外協力隊事業、開発教育支援事業、民間連携事業、草の根技術協力事業などを通して、地域の人々に日本の国際協力やJICAの事業を知ってもらう役割を果たしている。

◇JICA海外協力隊とは

2年間の任期で、開発途上国で現地の人々とともに生活し、同じ目線で問題に向き合い、一緒に課題を解決する。環境問題や教育、医療、農業分野などそれぞれの経験や知識を活かした活動を行う。帰国後も、日本の文化や価値観にとらわれない独創的な活動を展開し、さまざまなフィールドでスキルを発揮する人が多い。また、JICA海外協力隊を経験した人同士の人脈を活かし、経験者ならではの活躍をしている。

◇プロジェクトの概要

ＪＩＣＡ東京はＪＩＣＡ海外協力隊の応募促進に次のような課題を感じていた。

・国際協力活動を通して得られる経験やスキルが認識されていないのでは？
・帰国後の就職活動に不安を抱かれているのでは？

同時に、企業や団体の採用担当者に協力隊経験や活動を通じて得られるスキルの認知度が低い状況も改善したい、協力隊で培われた経験・スキルがもっと活かされる環境をつくりたい、という想いがあった。そこで、帰国後に教育・ビジネス・地域活性の3つの現場で活躍しているＪＩＣＡ海外協力隊経験者を主人公にし、「協力隊、その後」にスポットを当てたショート映像を制作し、応募勧奨、採用担当の理解促進を図りたいという希望があった。

このＪＩＣＡ東京の課題意識や想いに応えるべく、私たちは3人の海外協力隊経験者のインタビューをベースに「海外ボランティアの本音と帰国後のキャリア」を伝える映像を制作した。さらにＪＩＣＡの映像をターゲット層に着実に届け視聴につなげたい、という要望を頂戴し、広告運用サービス「OTAKEBI」を提案し、YouTube広告配信と運用を行った。

3人の物語

今回のプロジェクトでは、海外協力隊を経験して日本に戻り、今は自分の場所で活躍している3人について、それぞれ独立した作品をつくりました。ただ、まとまりをもたせるために、構成は共通にしていて、「オープニング」「わたしのこれまで（協力隊参加前）」「わたしの体験（協力隊参加中）」「わたしのイマ（協力隊参加後）」「わたしのこれから」となっています。つまり、それぞれの人について、どこから来て、何をして、どこに行くのか、を描いた物語です。3人とも個性たっぷりなので、作品の雰囲気や基本構成は同じでも、内容はまったく違うものになっています。

シリーズ名は「世界で見つけたわたしの物語」としました。3人の物語の各タイトルは次のとおりです。

【エチオピアが教えてくれた！】日本でも活かせる「地域に入るための心構え」

【ラオスのリアル教えます】商社勤めの私が安定を捨てて海外派遣。アパレルブランドを立ち上げるまで。

【憧れはマザーテレサ】子どもたちには、自分を好きな人になってほしい。途上国で得た気づき。

すでにあるイメージをリブランディングしたい

ＪＩＣＡは、日本の政府開発援助（ＯＤＡ）を一元的に行う実施機関として、開発途上国への国際協力を行っています。それぞれの国が抱えるさまざまな課題解決のために、技術協力、資金協力のほか、国際緊急援助や民間連携事業も展開していますが、一般的に知られている活動としては海外協力隊が最も有名です。

海外協力隊は、開発途上国からの要請に基づいて、それに見合った技術・知識・経験をもち、開発途上国の人々のためにそれを活かしたいと望む人を募集し、選考、訓練を経て派遣する事業です。派遣期間は原則2年間で、２０２２年3月末までに

100カ国近くに5万人を超える隊員が派遣されています。

その海外協力隊に関して、JICA東京の協力隊はある想いを抱いていました。海外協力隊に参加する人たちは、ボランティア精神で参加する人もいれば、就職・転職前に海外の現場経験を積みたいという人もいますし、自分の特技や経験を活かして国外のフィールドで貢献することに挑戦したいという人もいて、実にバラエティに富んでいます。しかし「外国語が堪能でなくては参加できない」「海外経験が豊富にないと活躍できない」という誤解や、「途上国の生活はつらいに違いない」「帰国後たいへんそう」という先入観を聞くことがよくありました。一人ひとりに活躍の可能性があること、参加という選択肢があることが実感されていないのではないかという疑問を抱いていたのです。

そこで、私たちは、海外協力隊のイメージが想像できると同時に魅力が伝わる映像を制作することを考えました。海外協力隊を通し、日本では得られない経験を多く積み、一回りも二回りも大きく成長し帰国する方がたくさんいて、彼らは優秀な人材になり、日本のさまざまな分野で活躍しています。そうした事実を伝えるために、元隊員たちのキャリアの形成や帰国後の活動を映像化することで魅力を最大限に伝えることができるのではないかと考えました。ちょうど新型コロナウイルス感染拡大の真っただ中で、海外協力隊の派遣が進めづらく海外には撮影に行けないため、日本に帰ってきた方々にフォーカスを当てたといった背景もあります。

それまでのJICAでは、帰国隊員に特化したコンテンツは多くなく、応募を勧めるための記事は豊富でしたが、帰国した隊員のその後にフォーカスを当てている記事が少なかったのです。そのため、海外協力隊での2年間の活動を経た先の姿が想像されにくいのではないかと私たちは推測しました。今回の映像制作には、このような事情がありました。

若い人をターゲットにスタイリッシュな映像を

今までどおりのJICAにはないスタイリッシュなものにしたいという希望は最初からいただいていて、特に、若い世代に海外協力隊の途上国での活動を身近に感じてもらえるような心に響く映像を望まれていました。初回打ち合わせでは「極端にいえば渋谷の109にいそうな若者たちにも面白いと思ってもらえるような映像にしたい」という要望が上がりました。この背景には、これまでのJICAの紹介映像の多くがその国の状況や国際協力プロジェクトを正確なデータと用語で説明するものが多くそのようなやり方を一新したい、という強い想いがあったのです。

昔ながらのテレビ番組であれば、大多数の視聴者に向けて見やすいつくり方をします。しかし今回の映像は、比較的若い世代にターゲットを絞ると決まったので、ところどころに手描き風のイラストを差し込み、音楽も少しアップテンポにし、展開がある映像を通常より多めに使用するなど映像全体を通して、視聴した若者が希望感や興奮を抱いて前のめりに見たいと感じてもらえるように工夫したのです。

また、私たちはJICAのことを知るにつれ、その象徴の一つに国や文化などあらゆる多様性の共存があると考えました。この多様性を表現するため、さまざまな写真や画像を切り貼りするコラージュという表現技法をオープニングに採用しています。コラージュは、もともと別々のものを組み合わせてまとまりを生み出しているのですが、その組み合わせによる変化をJICAや海外協力隊に重ね合わせています。インタビューの合間に差し込んだイラストやテキストデザインなども手書きで温かみのある雰囲気で統一し、多様性とそれを受け入れる人と人とのつながりを融合した作品になっています。

実際の情景を映し撮るドキュメンタリーの躍動感やリアルな人柄が伝わりやすいといったドキュメンタリーのメリットに、アップテンポの音楽を加えることで視聴者が集中して映像を見終えるように工夫をしています。楽曲を提供するための映像、つまりプロモーションビデオと同じ原理ではありますが、よりリアルな映像にすることで、視聴者が共感を抱きやすくなります。

さまざまな角度からスポットライトを当てる

今回の企画の大きなポイントは、元隊員のインタビューだけでなく家族や友人、現地での活動を支えたＪＩＣＡスタッフなど周囲の方々にも語ってもらう構成にしたことです。これにはＪＩＣＡ東京の担当チームも新鮮に感じ、満足してもらえました。

担当ディレクターはこう話しています。

「これまでにどのようなことがあって、そしてどのような想いをもって海外へと行くのか、という信念と動機を深掘りするためには、第三者の視点が重要だととらえました。当事者をどのように見て感じたのかが分かるように当事者周辺の方々にインタビューすることがいいと思ったのです。客観的にこう変わったとか、こういう影響が周りに及んでいるという話が出てきます。それにより、撮影のモデルをより立体的に映し出すことが可能となり、比例して内容の深みも増すと考えました。さまざまな方々に海外協力隊の活動や主人公の活動の様子と人となり、今の様子を語ってもらった結果、出演者の背景が明確になり、人物像に深みをもたせることができました。しかも、協力隊参加前と参加中、参加後、そして『これから』という章立てを通じてさまざまな人に証言してもらったため、つくりもののストーリーではなく、生きたストーリーとして、視聴した人の心に入り込み、これからを考えさせられる作品となりました」

インタビューの奥深さ

インタビューは単に事実を引き出す作業ではありません。私たちが投げ掛けた問いに対して、回答しようと言語化することでその人のなかで答えがかたちづくられていきます。すでに答えが明確に出来上がっている場合もありますし、それまで考えてもみなかった答えが生まれる場合もあります。面白いのが、思いもよらない問い掛けを受けたときに、その人の頭や心のなかで生じる化学反応です。答えるうちに頭が整理されたり、話しているうちに新たな考えが出来上がったりします。自分で気づいていると感じていても、言語化することで可視化され、より明確にその魅力が象《かたど》られることがあるのです。

今回の撮影では、インタビューを基本的に2回に分けて実施し、1回目と2回目に時間を空けて出演いただいた3人に自分を振り返ってもらう期間を設けました。1回目で海外協力隊に対する不安や葛藤などの部分を質問し、2回目で海外協力隊活動を振り返った感想を聞いています。

また、インタビューの雰囲気も重要です。堅苦しくなってしまうと、いきいきとした答えや表情が得られません。ディレクターに今回のインタビューの様子を聞くと、相手が言葉に詰まったとき、プレッシャーを掛けていると勘違いされないように配慮しながら粘り強く問い掛けていたそうです。この姿勢のおかげもあり、相手の言葉を自然に引き出せていましたし、ＪＩＣＡ東京の担当の方からも信頼していただきました。

後日、出演した主人公の３人からディレクターに「海外協力隊に行った理由や、協力隊での経験が今、何に結びついているかを改めて言語化できました」という内容の感謝のメールをそれぞれの言葉でいただきました。ディレクターも３人の強い個性と熱量に触れて、学び取るものがあったに違いありません。

この映像も、スタッフがＪＩＣＡの活動に魅力を感じ、映像としてかたちにしようと努力をしたからこそ、人の心を打ち、感動とともに印象に残る作品になったのだと考えています。

ディレクターはどんな魅力を感じたのか、本人に聞きました。

「海外協力隊の人たちは、本当に十人十色でした。現地に少人数で行き、見ず知らずの外国人などバックグラウンドがまったく違う人に囲まれ、さまざまな課題と向き合い、成果を上げていきます。その熱量と個性が魅力ですね」

広告運用までトータルサポート

今回のプロジェクトは、作品の広告運用も私たちに任せていただきました。ＪＩＣＡには若い世代に届けたい想いがあり、私たちはその想いを映像というかたちで表し、そしてその映像を届けるという最後の重要な役割も担っています。

今回、私たちは企画の最初から社内のマーケターをメンバーに入れ、今はまだ海外協力隊のことを知らなくても、知れば参加意欲をもつであろう潜在層に映像を届けたいという願いを実現するためにどのような映像が良いのか、どのようなターゲットに向けて配信すべきかを検討しました。

その結果、海外での就労や留学に意欲が強いグループや、ボランティア、国際問題に対する意識の高い層を設定し、選定したグループの人が普段どのようなキーワードで検索しているかを想定し、その検索ワード利用者に動画広告が届くように広告運用を設計し、提案しました。

ＪＩＣＡは、以前からYouTubeにたくさんの映像をアップして、掲載後にＳＮＳやＷｅｂサイトを通じて紹介し反響を期待していました。しかし想定ほどの視聴数が得られず、届けたいターゲットになかなか映像が届かないということがあったようです。

そのため今回の依頼内容には映像制作だけでなく、半年以内に視聴回数５万回のための広報宣伝も含まれていました。そこでその想いに応えるべく広告運用やインフルエンサーの活用を企画したのですが、公開後は想定していた以上の反響があり、１カ月で10万回再生を達成しました。しかも、各８分という長さにもかかわらず、最後まで視聴した完全視聴率も一般的なデータより非常に高いという結果になりました。

ＪＩＣＡ東京の担当の方からは「YouTubeの広告配信が終わったときには10万回再生になっていて、そのうち広告由来の再生回数が９・５万回ほどでした。我々もＪＩＣＡ内で相当広報活動をしたのですが、結局それは数千回再生にしか貢献できなかったんです。どんなに良い映像をつくっても、適切な広報をしないと再生回数は伸びないということを痛感しました。今後こういった映像制作をしていくのであれば、制作するだけでなく、それを見てほしい人に視聴してもらう広報の道筋まで考えていくことが重要だと感じました」と感想をもらいました。より良い映像をつくり上げるための努力は大前提ですが、その映像を世に広めるための努力も併せて必要不可欠といえます。映像制作と映像の普及は切っても切れない関係です。どんなに良いブランディングムービーを制作しても、届けたいターゲットに見てもらえなければ何の意味もありません。私たちも創業期は、とにかく映像を制作することで精いっぱいで、映像をいかに届けるかということまで考えていませんでした。

しかし、さまざまなブランディングムービーを制作するなかで、どのような相手に届けたいか、どうしたら受け入れてもらえる映像になるかを考え続けた結果、そもそも見てもらうための工夫や努力が必要だということに気づきました。そして、広告運用のサービスに力を入れていこうと考え、映像制作と広告運用を連携させた「OTAKEBI」というサービスをつくりました。これは、映像の企画段階から広告戦略を一貫して行うことで、映像制作というクリエイティブ戦略と広告というマーケティング戦略を連動させ、広告の最大効果を狙うものです。また、A／Bテストなどの広告の効果測定をしたうえで、必要があれば映像の修正を行うなどの柔軟な対応もできるようにしています。

【事例4】 アネスト岩田

データ

クライアント：アネスト岩田株式会社
ムービータイトル：ANEST IWATA Corporate movie
制作年：２０２０年
ジャンル：会社紹介映像
手法：実写
ムービーの長さ：約12分
ムービーQRコード

◇アネスト岩田とは

アネスト岩田（本社・神奈川県横浜市港北区）は1926年に創業し、現在は世界21の国・地域で生産・販売を行うグローバル企業。国内外で1200件を超える特許出願数をもち、スプレーガンをはじめとした塗装機器や塗装設備、空気圧縮機（コンプレッサー）、真空機器などの製造販売を手掛けている。ハンドスプレーガンは世界シェア2位・国内シェア1位、小型空気圧縮機は国内シェア2位（いずれも「アネスト岩田」調べ）を誇る。

◇映像の概要

投資家・株主へ向けた株主総会用および学生・求職者へ向けた新卒学生採用のための事業紹介映像。事業内容の理解・認知の向上と併せて、社是であり、創業以来大切にされてきた精神「誠心（まことのこころ）」をバックボーンとした市場における独自性や成長性、社会貢献を訴求することを目的に制作した。

国内外で利用するため、ナレーションは英語に統一し、テロップを日本語、英語、中国語に換えた3カ国語版を制作した。会社のアイデンティティをうたう映像であるため、BGMもオリジナルで制作している。

一般消費者に会社や製品について分かりやすく伝えたい

アネスト岩田は、塗装機器や塗装設備、空気圧縮機（コンプレッサー）などを製造販売する歴史あるBtoB企業です。スプレーガンやコンプレッサーのリーディングカンパニーであり、世界20カ国以上に拠点をおくグローバル企業ですが、一般の人々には会社も製品もなじみがないかもしれません。会社や製品について分かりやすく説明するものが必要だという想いがあり、アネスト岩田の社長が先陣を切って企画するかたちで、ブランディングムービー制作のプロジェクトができたという経緯です。

担当の方からは、代理店を介さずに直接、会社の紹介映像をつくるので、コンペティションに参加してもらえないかという内容のお問い合わせをいただきました。のちほど、お問い合わせの経緯を確認すると、私たちの会社が別の会社のブログに登場したことがあり、映像制作とはまったく関係のない内容だったのですが、それを読まれて面白そうな会社だと感じてもらえていたようです。提案まで1カ月ほどの余裕があるなかで、企画がスタートしました。

社是に込められた想いを紐解き、企画をつくる

企画を考えるため、ディレクターはアネスト岩田について詳しく調査し、自分たちなりに深く分析を行いました。

アネスト岩田は過去にも、会社紹介に関連する映像は制作したことがあったそうです。しかし、以前の映像の目的は製品のプロモーションであったため、それをつくっているアネスト岩田の事業内容などには触れていませんでした。今回ご依頼いただいたのは、「現在に至るまでのバックボーンとしての創業の精神を提示する」「従業員の顔をふんだんに見せる」「グローバルに事業を展開していることを伝える」「製品が実現する社会貢献・付加価値の高さを具現化する」の4つです。

これらのご要望に応えるため、まずは社是である「誠心（まことのこころ）」という言葉に私たちは着目し、従来の映像では扱っていなかった「創業から90年以上の歴

史があること」「スプレーガンやコンプレッサーのリーディングカンパニーであること」「世界20カ国以上に拠点をおくグローバル企業であること」という情報に重点をおき、従来の映像とも差別化を図るために、ディレクターが着目した「誠心」に焦点を当てることにしました。

まず、本案件に携わったプロジェクトメンバーたちで「誠心」を噛み砕いて理解することから始めました。グループの行動指針を見ると、「1.誠心（まことのこころ）…お使いになるお客様の立場に立ち、誠心を込めて製品や技術をお届けする」とあります。いつから言われてきたのか誰も分からないくらい昔から社員さんは口癖のように「誠心」と口にされていたとのことで、実際にお客様からも誠実な企業姿勢を評価され続けてきたとのことです。一方で、立場にこだわらずチャレンジできる風通しの良い文化があり、さまざまな日本初や世界初を生み出してきました。この2つの側面をもつことの意味を深く考え、「誠心」に込められた想いは、お客様の立場に立ってまじめに向き合い、そして、社会に必要とされる本当に優れた新しいものをつくること、ではないかという結論に達しました。

このため、「誠心」の理念こそがアネスト岩田をオンリーワンのグローバル企業たらしめるバックグラウンドであることを実感できる映像にしなければなりません。しかし、言葉だけで説明をされても容易には理解できない理念を映像化することは難解です。仮に情報を映像に盛り込み理解させることはできても、実際の肌感覚をもった実感が伴わない限り、理念の「誠心」に込められた想いは埋もれてしまいます。

そこでディレクターが出した答えは、一つの物語文として成立するストーリーラインの構築と長期日程のドキュメンタリースタイルでの撮影でした。

一つの物語文として成立するストーリーラインの構築とはどういうことかというと、抽象的な内容を理解してもらうだけではなく、物語展開に沿って疑似体験を味わい、実感を伴いやすくするという効果を狙ったものです。今回の映像では、次のようなストーリー構成を提案しています。

① 世界中の日常のあらゆるシーンで、アネスト岩田の製品が使われている。グローバル企業として常に第一線であり続けるアネスト岩田のその原動力とは何なのか。

②世界各国の拠点を取材し、現場で働く社員さんにフォーカスして業務風景やインタビューを撮影していく。社員さんたちの言葉から、共通して根底に流れる精神が浮かび上がり、「誠心」のバックボーンが徐々に見えてくる。

③アネスト岩田90年以上の歴史。数々の世界初・日本初を生み出し、時代のニーズをとらえて成長を続けてきたのは、まさに「誠心」が生きているからであり、それは今も脈々と受け継がれている。

④日本企業という考えは捨てなさい、その言葉の意味と未来ビジョンは、これからも先進のグローバル企業として社会に貢献していく。

もう一つの長期日程のドキュメンタリースタイルでの撮影は、骨組みであるストーリーに、リアリティーとエモーションという肉付けをするためのものです。通常の企業プロモーション映像では、出演する社員にシナリオに沿ってインタビューなどを行い、1~2日の期間内で撮影を終えるケースが多いです。企業や商品の紹介であればそれで十分だと思われます。しかし、今回の映像では視聴者に実感してもらうことが重要です。ここでいう実感とは、視聴者がムービーで描かれている内容に対して、企業の実態や人物の価値観や考え方を感じ取ってもらうことを意味しています。これには、まず制作するスタッフ自身が実感を経験する必要があります。十分な下調べを行い、さまざまな角度から撮影して多角的に実感を得られないと、踏み込んだ撮影や本質をつかむことは難しいと考えられます。視聴者に実感を組み込んだ映像として届けるためには、撮影側が理解し体験することが重要であり、そのため長期日程が必要だと判断したのです。

また、伝えたいテーマやメッセージによって適した技法があり、出演者の方への撮影アプローチも異なります。働く人の真剣な表情や、気負いのないコメントを撮るためには、なるべく出演者の方との距離感が近くなるように少人数スタッフで、信頼感を醸成するため時間を掛けて密着する必要があります。ただ、工場の生産工程のスケール感を伝えるためには、クレーンやドローンなどの特殊機材、そしてドラマチックに表現するための照明が重要です。出演者の方ごとに、どのような撮影アプローチを行うかを厳密に見定めるためにも、長期日程の確保が必要となります。

熟考した結果の提案は担当の方にもご満足いただけたため、その企画が採用となりました。お客様のことを知ろうとした努力が報われたかたちとなります。

撮影自体は、国内は横浜本社および福島、秋田の各拠点で7日間、中国3日間、台湾2日間、アメリカ2日間の計14日間にわたり、膨大な素材から作品をつくり上げました。

グローバル企業ゆえの課題感

このほかにも工夫をしています。例えば、アネスト岩田は世界20カ国以上に展開するグローバル企業ですが、各国の実情に合わせた商品展開やビジネススタイルが必要なこともあり、各拠点が独自のローカルな組織文化をつくっていくことは必然です。そこの課題にも映像を通してアプローチできればと考えました。

すでにあった映像は、どちらかというと製品をかっこよく見せる映像で、製品のプロモーションとしては、きちんとした意味がありました。ただ、製品のかっこいいプロモーションを映像でつくったらアネスト岩田の理念や価値観が表現できるかというと、そうではなかったのだと感じています。

会社紹介映像のなかには、パンフレットやWebサイトの会社紹介で語られている内容をそのまま映像化するというものも多くの企業で行われています。その会社がどういうビジネスをしていて、どこに拠点があって、社員が何人いて、という基本的な会社情報を正確に分かりやすく伝えたいのであればこの方法が効率的な伝え方だと思います。しかし、今回ご所望された映像では、会社がグローバルになり、言語も異なり生活文化も違うという巨大な組織に成長したなかで、全社員さんが共有できる一本筋が通ったストーリーが重要だと考えました。

このムービーでは、主要製品であるコンプレッサーとスプレーガンを映し、生産拠点も紹介しているのですが、それぞれの社員さんが語るのはあくまでもマインド面です。この12分の映像を見終わって残るのは、会社の情報というよりも、アネスト岩田が90年以上の近い年月をかけてつくってきた一つのストーリーです。

ディレクターは制作の背景について、次のように話しています。

「映像は、特に社員さんに『私たちの会社ってめっちゃかっこいいよね』と思っていただけるように制作しました。例えば工場などの職人さんと接すると、自分たちの職場や仕事が映像映えすると思っていない人が多いように感じます。『うちの職場なんて古く、決してきれいじゃないし、画になるんですか』とよく言われます。でも、僕たちからすると職人さんは独自の技術を身につけていて、専門性がとても高くかっこいいですし、職人さんの真剣な表情や熟練の動きや、長年のノウハウの蓄積で効率性が追求された作業場って、めちゃくちゃかっこいいな、と思います。アネスト岩田の『誠心』を映像で伝えるには、役者を使って働く様子を映すのではなく、本物である必要がありました。ドキュメンタリースタイルを採用したおかげで、見る人の心に訴えかけられる映像ができたと思います」

アネスト岩田の担当の方からは「とてもきれいに撮っていただいて、『本当に私たちの会社かな?』と思いました」「『誠心』という創業の精神に紐付いたストーリーラインを、ドキュメンタリーのようなかたちで撮影することで実感させる……、という、まさに提案どおりになっていました」という感想をいただいています。お客様の社内での反響も大きく、「かっこいい」「映像を使わせてほしい」などの問い合わせが担当の方に届いたそうです。

採用にも良い影響があったようで、従来文系の希望者が来ることは少なかったのですが、映像公開後に文系の人材も採用予定数を確保できたそうです。

また、今回の映像制作がどれだけ影響したのか分かりませんが、アネスト岩田は映像制作の部署を新たに立ち上げたそうです。新型コロナウイルス感染拡大以降、ウェビナーの開催頻度が増え、商品の紹介映像の制作も数が増えたため、社内にスタジオをつくって内製化を行っているとのことです。そこまで踏み切った下地として、私たちが制作した会社紹介映像で映像のもつ力を実感してくれたのかなと思っています。

【事例５】　ナブテスコ

データ

クライアント：ナブテスコ株式会社

ムービータイトル：未来のあたりまえを、ＮＡＢＣＯのドアから。

制作年：２０２３年

ジャンル：ブランド紹介映像

手法：実写＋インフォグラフィックス

ムービーの長さ：約４分

ムービーＱＲコード

◇NABCOとは

ナブテスコは、それぞれ長い歴史をもつ帝人製機とナブコが統合して2003年に生まれた会社。ナブコは日本初の自動ドア製造メーカーであり、国内シェア1位を誇っていることもあり、統合後もそのまま自動ドアのブランド名として使われている。

◇映像の概要

国内№1の自動ドアブランドであるNABCOの歴史と、大切にしてきたブランドのマインドを伝えるブランディングムービーとなっている。「未来のあたりまえを、NABCOのドアから。」というブランドメッセージに共感してもらうため、社員さんのお子様に描いてもらった「未来の自動ドアの絵」を、NABCOの社員さんたちが実現するために本当に議論する場面を撮影している。子どものような純粋な心をもって真摯に業務に取り組むブランドの姿がストレートに描かれている。

徹底的なユーザー視点で共感する映像を

ＮＡＢＣＯという自動ドアブランドの紹介映像をつくるプロジェクトです。視聴ターゲットは、エンドユーザーというよりもゼネコンやサッシメーカー、設計事務所などの自動ドアを取り付ける顧客層です。ＮＡＢＣＯは国内シェア55％のトップブランドで、その普及率から日本に住む大多数の人がＮＡＢＣＯの自動ドアを使ったことがあり、印象的な青いマークが自動ドアに貼ってあるのが頭に思い浮かぶ人も多いと思います。とはいえ、競合各社はそれぞれ新しい取り組みをしているので、決してトップの座が安泰ではないとのお考えでした。自社のブランドの価値をさらに向上させ、直接取引をしている設計者や施工者の向こう側にいる、ビルのオーナーなどの施主層にもブランドの魅力を周知したいという想いがありました。そのため、もっとＮＡＢＣＯの魅力を存分に世に知ってもらい、好きになってもらって、より選ばれる存在になるための施策が必要だったのです。

ＮＡＢＣＯは、これまでにもブランドの魅力を伝える映像をつくっています。ただ、これまでとは違う視点にしてほしいとの要望があり、それは一方的にメッセージを伝えるのではなく、共感型にしてほしいということでした。今まで、NABCOの考えを一方的に発信する方法だったのを、今回は視聴者が自然と共感できるような映像にしたいというわけです。

ナブテスコの担当の方からイメージの共有を図る際にいただいた参考動画がとても役立ちました。それはボディソープやシャンプーなどで知られるDove（ダヴ）による、等身大のユーザーの姿を描いたドキュメンタリープロモーションシリーズの映像の一本だったのですが、ディレクターはこれを「ブランドとしてのメッセージを声高にうたうのではなく、エンドユーザー側の視点で構成されていて、視聴者がこの動画を見ると出演者を自分に置き換えてイメージをしやすい。つまり、お客様のご希望の共感型とは、そういうことなのだろう」と受け止めました。出演者自身の感動がうまく映し出されていることで、視聴者も出演者のリアルな心情に共感し感動するという構造が重要だと感じました。

担当の方が抱くイメージをその場で私たちが噛み砕いてご要望を100％汲み取る

ことは簡単ではありません。しかし、ぼんやりしたイメージでもディレクターが担当の方に歩み寄ることでそのイメージを象《かたど》り、イメージの共有を図ります。また、ある程度イメージしていても担当の方がそれを言語化するのが大変なことは十分理解していますが、その場合既存の映像を参考事例として示していただくと、その映像を手掛かりにしてどのような映像を求めているのかのイメージを共有するための糸口となります。今回は参考動画によってイメージの入り口を提供していただいたかたちとなりました。

もう一つご要望としてあったのが、Webサイトにも掲載しているブランドビジョンの浸透です。「さあ、これからの〝だれでもドア〟をつくろう。未来のあたりまえを、NABCOのドアから。」というブランドビジョンを社外にも浸透させたいという想いがありました。

最高のムービーをつくるために、関わる全員が企業のことを好きになる

ディレクターはこれらの要望を検討し、企画を考え始めました。その提案書は、ムー

ビー構成を考えるよりも先にNABCOブランド独自のストーリーを新たに言語化するところから始めています。

NABCOブランドのメッセージをきちんと届けるには、視聴者の心を動かす必要があります。その第一歩として、まずは提案の段階で担当のお2人に提案内容に感動してもらうことを目指そうと考えました。そのため、先方の指示があったわけではないですが、NABCO独自のストーリーを私たちなりの言葉でかたちにし、NABCOのマインドを掘り下げていきました。こちらから先にNABCOの魅力を探し、その魅力に惹きこまれ、さらに深く掘り下げて熟考し、提案の打ち合わせの際にNABCOの強みや良さなどの想いをこちらから担当の方々に熱意を込めて届けました。NABCOの良さを書き綴った提案書、いわば「ラブレター」を送ったのです。

その「ラブレター」は、おおむね次のとおりです。

「NABCOは日本初の自動ドアメーカーである。つまり、自動ドアに関して初めて生み出すというイノベーションから始まっている。1956年以前、誰にも想像できていなかった『未来のあたりまえ』をつくったということになる。これはほかの競合企業には語れないストーリーである。そして、今国内シェア№1という圧倒的な結果を実現できているのは、常に社員さん一人ひとりが新しいものを探し求め挑戦する意識をもち、『未来のあたりまえ』を更新する製品を生み出し続けてきたからである。なにより誇るべきＮＡＢＣＯのストーリーは、『未来のあたりまえ』を手探りで探し続ける勇気と情熱をもったマインド（精神）と、口だけではない№1という結果が説明できること。ＮＡＢＣＯだからこそ、誰よりも最も大きな夢を語る資格がある」

ディレクターはＮＡＢＣＯについて深く調べ、自分なりに感じたＮＡＢＣＯの企業像を誠実にいつでも真剣に仕事に取り組む社員さんたちの姿から、「好きなことに熱中する子どものまなざし」を感じさせると表現しています。さらに、ＮＡＢＣＯのキャッチコピーの「だれでもドア」から、「子ども」「ワクワクする心」「未来」「夢」といったイメージを結びつけました。その結果、社員さんは最高の技術とプロフェッショナリズムに子どものような純粋な心を併せもち、それがイノベーションを生み出す大事な土台になっていると理解し、この子どものような純粋な心の想いを視聴者に映像として感じてもらいたいというメッセージを、提案書に記載していました。

次は、表現手法です。視聴者に共感してもらうために、客観的な視点と出演者自身の感動の2つを軸にしました。一方的に主観を伝えるだけでは共感は生まれにくいため、客観的な視点は重要です。また、映像に映された出演者自身が感動し、心が動いていないと、映像の真実味は強く伝わりません。

提案書の最後にディレクターが示した考えは、社員さんの実際のお子様たちに「未来のドア」の絵を描いてもらい、それを現実のものにしようと社員さんたちが議論をするストーリーです。お子様たちの自由な発想でいろいろなアイデアが出てくるので、社員さんたちは笑いながら真剣にわいわいガヤガヤと議論できます。やがて、大人である社員さんたちも心を動かされ、お子様たちのように目が輝いていくことを期待しました。

別の話になりますが、お客様の最初のオリエンテーションでは、2分程度の事業概要・歴史紹介映像と、2分程度のブランディング映像の2本を制作する案をいただいてましたが、こちらから一本化しましょうと提案しています。なぜなら、日本初の自動ドアを開発したという今につながる歴史と、NABCOブランドを象徴する未来の自動ドアを語る話は切り離せません。「未来のあたりまえ」を実践してきた歴史を示すからこそ、未来を語る説得力が増します。この点についても、納得して採用してもらえました。

撮影という枠組みを超えて、真剣に楽しんでつくる

提案については担当の方々に高評価をいただきました。ナブテスコの担当の方々も社内調整に尽力してもらい、私たちが提案したストーリーの言葉を引用し、未来の自動ドアの絵を描いてくれるお子様を募集してもらいました。そのことからも、ディレクターの提案に担当の方々が共感してくださったことが分かります。

撮影で特に力を入れたのはお子様たちの絵を見ながら社員さんが議論するシーンです。映像に説得力をもたせるために、普段業務で行っているリアルな生きた議論をしてもらう必要がありました。セリフが用意されていたり展開が決まっていたりするわ

けではないリアルな議論なので、撮影でしっかり盛り上がるようにさまざまな事前準備を行いました。

議論に参加するメンバーは、本社とグループ会社の社員さんで合計8人の方に出演してもらうことになりました。本社とグループ会社では、普段の業務では直接関わらない人が大半で、今回の撮影で初めて会う人もいたため、お互いに遠慮をして盛り上がることが難しいと思われました。そのため、工夫を凝らし、撮影の1週間ほど前にビデオ会議で顔合わせをし、撮影スタッフと出演者の方々と信頼関係を築きました。当日も、撮影の1時間半ほど前に集合してもらい、プライベートも含めて自己紹介の時間を設けました。議論する対象のお子様の絵や、お子様が自分の絵の解説をする様子の映像をみんなで見ていると、笑い合ったり、絵の感想を述べたりなど撮影が始まる前から良い雰囲気が自然と出来上がっていました。そのため、撮影に対する心理的な壁はかなり取り払われ、出演者の方々は緊張せずに白熱した議論を行い、想定以上の良い収録が行えました。

このほかにも、ベテランの方に仕切り役をお願いするなど、細かい配慮が功を奏し、約1時間にわたった議論はとても盛り上がりました。出演者の方々は撮られているという感覚が薄れ、純粋にそのものを楽しんでいたように見えました。それは、撮影という枠組みを超えた議論になり、想像の「未来の自動ドア」ではなく、近い未来に誕生しそうなリアルな自動ドアとしてさまざまなアイデアが挙がっていました。立ち会った担当の方々にも撮影をとても楽しんでもらえ、「5年後、10年後にこのアイデアのなかから本当に実現するものがあるかもしれないですね」とその白熱した議論をモニター越しに見ながら言ってもらえました。

今回の映像は、ドキュメンタリーの手法を多く取り入れて制作しています。社員さんのお子様に描いてもらった絵を使用したのも、どれだけ大人が子どもの絵を真似て描いても作為が入り、説得力が失われてしまうためであり、また、会社全体を通した企画であると理解していただき自分ごととして参加してもらうためでもあります。本当にお子様たちが自由な発想で好きなように描いたからこそ、社員さんたちの楽しくもあり真剣な熱を帯びる議論につながりました。

ドキュメンタリーは、撮影した映像やインタビューをただ並べればいいわけではありません。見る人の心を動かし、メッセージを伝えるためには、映像や音にこだわったうえで、一本のストーリーとして提示する必要があります。それがディレクターの腕の見せどころです。

ディレクターは「今回のNABCOブランドムービーを通じて改めて実感したのは、私たちとお客様の両方が楽しんでつくることの大事さです。楽しんでつくったからこそ、議論のシーンの撮影でいい雰囲気になったし、議論が盛り上がったのだと思います」と話しています。

担当の方々からは想定以上の映像だと満足していただきました。また、盛り上がった議論シーンは、本編では1、2分にまとめられているのですが、1時間ほどの議論をノーカットでまとめたメイキング映像を、出演者として非常に面白い議論を繰り広げてくださった社員の皆さまに感謝の意味を込めてプレゼントしました。

第6章

ブランディングムービーとは企業の誇りを象《かたど》るもの

制作工程の一つひとつで企業の付加価値を創造する

映像の今後の可能性

今後、映像の活用はブランディングだけではなく、日常の多くの場面で使われると考えられます。

例えば、企業が映像を対外的なブランディングツールとしてとらえるだけでなく、社内業務に活用することもできます。映像は多くの情報を会社全体に即座に伝えられ、しかもその情報を均質に伝達することができ、業務を効率化したり、業務に対する従業員の理解度を深めたりすることに役立つのです。従業員が多い企業や複数の事業所をもつ企業では特に高い効果が発揮できます。

企業での業務に映像を活用する方法としては、研修や作業マニュアル、情報共有などが挙げられます。

社内研修をする場合、通常は講師や受講者のスケジュールを調整したり、広い場所を確保したりする必要がありますが、映像を活用すれば、そういった必要はなく、受講者は仕事の状況を見ながら自分の都合のよい時間と場所で映像を視聴して研修を受けることができます。また、映像は理解しにくい部分を繰り返し見ることができるので、理解を深めやすいというメリットもあります。講師も研修のたびに時間をとられることもありません。

また、文章で説明するのが難しい複雑な作業手順を教える場合も、マニュアルを紙ではなく映像にすることで、視聴者はより理解しやすくなります。動画マニュアルでは、実際に作業をしているところを撮影し、その作業に一つひとつ音声を加えて説明するのです。図表が必要であれば映像に挿し込むこともできます。つまり、紙のマニュアルの要素も映像は網羅できるため、紙よりも伝わりやすいマニュアルになるのです。

このほか、事業方針や業務ルールの変更、新商品の情報なども、映像で説明するほうが受け手は理解しやすく、伝達スピードも速いです。それは映像の伝えられる情報量の多さと、通信環境さえ整っていれば映像がアップされると同時に視聴することができるという特性があるからです。

経営者の想いやビジョンも、経営トップが映像を通して姿を見せ、自らの声で直接伝えることで、従業員の仕事へのモチベーションの向上や理念の共有につながります。映像は伝えたい内容をカメラの前で話すだけで、すぐにつくることができ、端末から配信するだけで受け手に届くという手軽さもあり、映像の活躍の場は今後ますます広がり無限の可能性を秘めています。

そのようななか、際立ったブランディングムービーがあることは、企業にとって絶対的な強みになるのです。

出来上がったムービーはあくまでアウトプットツール

ブランディングムービーはつくることがゴールではありません。あくまでお客様に自らを知ってもらうためのアウトプットツールに過ぎません。せっかく立派な映像をつくったのに、制作する過程で燃え尽きてしまい、納品されたものを見て満足し、映像をうまく使えていない企業もなかにはあります。これはとても残念なことです。

映像をつくったことで、他社より頭一つ抜きんでたわけですから、ここで気を緩めることなく次の一歩を踏み出すことが大切です。

ブランディングムービーで自分たちの目標、目的を遂げるためには、どのように活用していくか自分たちで考えなければなりません。

そのためには、社内の誰かが考えてくれるだろう、やってくれるだろうという意識ではなく、全社員が自分ごととしてとらえることが必要です。これは各々が組織の一員であるという連帯感を高めることにもなります。そして、意欲的な姿勢はモチベーションやパフォーマンス向上にもつながります。

つくりたいのは企業の誇り

私は、ブランディングムービーとは「企業の誇りを象《かたど》るもの」だと考えています。どんな企業にだって自社にしかない誇るべき魅力があります。どんなに小さくても、うちには誇れるものなど何もないと思っていても、その企業が歩んできた歴史をたどり、強みや特徴に目を向ければ、必ず誇れる何かがあると、私はこれまでの経験から断言できます。その目に見えない誇りをブランディングムービーという目に見えるかたちで象《かたど》り、磨き、輝かせる、それこそがインナーブランディングとアウターブランディングを両立させた企業のファンを生み出すブランディングムービーです。企業のファンにするのは顧客やリードなど外部だけではありません。働いている従業員全員が自社のことを好きになる、誇らしく思う、そんなムービーを制作することが、本当のブランディングといえるのです。

そして、私たちはそんな企業の誇りを象《かたど》り、磨き、輝かせる映像制作をするべく、

２０２１年に新たに誇り（プライド）をつくる「プライディングカンパニー」を名乗り始めました。

「プライディングカンパニー」には、映像制作を通して世の中に誇りをつくり上げていきたいという想いが込められています。この発想の原点は、お客様の「企業のＰＲ動画をつくりたいんだけど、何をどう撮ってもらえばいいのか分からない。うちって何もないいんだよね」という言葉です。これは一社に限らず、私たちがよく出合う言葉でした。

この課題は、企業だけではなく、地方自治体も抱えていますし、個人にも当てはまり、世の中に多く広がっていると感じています。人は皆唯一無二の存在のはずなのに、ほかの人と比べてしまったり、周りの評価を過度に気にしたりして、本当の自分を見失う人がいます。誰よりも光っているものがなければ、個性がないと感じてしまう人もいます。このような時代だからこそ、悩んでいる人や企業、地方自治体に、「あなたなりの良さがあるんだよ」と伝えていきたいと思っています。どのような人や会社

象《かたど》る、磨く、輝かせる。
MAKE YOUR HEART SHINE.

私たちの原点は、想いにフォーカスをあて、
その魅力を映像表現することでした。
10年続けてみて気づいたのは、
ハートの色はピンクだけじゃないってこと。
情熱的なレッドもあれば、オーガニックなグリーンもある。
当たり前かもしれませんが、人や企業、街が持つ『想い』には、
それぞれオリジナルの色味があります。
問題は、その美しさに気づけていないことなんです。

もちろん放っておけば色もくすんでいく。
だから私たちは、ありのままの姿を映すのではなく、
あるべき姿を撮影しようとしてきました。
撮り方を変え、画のつなぎ方を変え、寄り添い方も変え。
今では、世の中への広め方も考えています。

本当に作りたいのは、映像ではなく、誇り。
すこし大げさですが、私たちは映像制作会社を超え、
プライディングカンパニーと名乗ります。
胸を張って生きる人を一人でも多く増やし、
世界を鮮やかなハートで埋めつくすために。

にも誇れるものは必ずあるのです。それはさまざまな要因で、当事者から見たら核となる根っこの部分が視界に入っていないだけだと私は思います。

「誇り」という言葉は、気がつけば映像制作の身近にありました。川崎フロンターレのブランディングムービーがYouTubeで公開されたときには、コメント欄に「誇り」という言葉がたくさん並び、「このチームを好きで良かった」という言葉もありました。一緒に映像制作に携わっていただいた川崎フロンターレの社員21人は、13回のワークショップを通じて自分の会社に対する誇りを再確認されて、それが映像を通じて広く伝わったのだと思います。

それ以外のブランディングムービーでも、これをきっかけに社内の雰囲気が良い方向に変わったり、社内のマインドが大きく変化したりする事例を数多く見てきました。そして、お客様から感謝の言葉をもらうこともとても多く、映像の影響力を身をもって感じています。映像を通して、自分たちでは気づいていなかった、または忘れていた魅力を再発見してもらい、そして自社の魅力により愛着を抱き、それが誇りとなり外部にも醸成されるのだと考えています。

映像の力だけでは世界や日本の未来を大きく変えることはできないかもしれませんが、誇りをもつことで胸を張って生きる人を増やし、未来を鮮やかにしていくことはできると信じています。実際に、私たちの会社の社員は皆、映像で救われてきましたし、映像の力で変化していくさまを私たちは間近で見てきました。そんな私たちだからこそ、映像の力で人や企業、街の色鮮やかな未来をつくる手助けをしたいと強く思います。

プライディングカンパニーとしての未来

プライディングカンパニーである私たちの信念は、「映像づくりの枠を超えた誇りづくり」です。もちろん映像制作が主軸になりますが、映像にこだわらずに「企業の誇りをつくるプライディングカンパニー」として、ほかの事業にも進出していく考えです。

今、進めている計画の一つに、アカデミー事業があります。これは、主に企業向けの映像制作の内製化支援です。私たちが受注して映像を制作するのではなく、制作のノウハウを伝える事業となります。私たちにとって、映像制作はあくまでも誇りづくりの手段でしかないので、内製化支援という事業展開は自然な流れだと考えています。

映像制作の内製化支援は、誇りづくりと密接な関係です。本書ではこれまで、ブランディングムービーづくりがインナーブランディングの強力なツールとなり、社員さん同士の結束や誇りづくりに大きく寄与することを示してきました。一方、すべての映像制作を外部に委託していたら、無限ではない予算はいずれ尽きてしまいます。それならば、映像制作の内製化支援として映像制作のノウハウや心構えを私たちが伝え、小規模で比較的容易な映像は自分たちで制作してもらおうという考えです。撮影や編集の技術を教えるだけではなく、私たちがいちばん大切にしている「想いを象《かたど》る」を実践できるために必要な映像制作者としてのマインドも伝えていきます。

内製化支援を思いついたきっかけは、自分たちで効果的な映像を制作しようと社内に映像クリエイターを雇い入れたがうまく成果が上がらないというような声を多く耳にしたためです。スクールの需要があるならば、私たちが映像を制作する際のフローや大事にしている心構えを伝えてもいいのではないかと考えました。

また、別の事業として、アジアに拠点を設置することも計画しています。私たちの映像制作フロー、つまりインナーブランディングやプロセスエコノミー（商品やサービスを生み出すまでの過程自体が収益をもたらすという考え方）は私たちにしかないビジネスモデルだと思います。しかし、この誇りづくりを必要としているのはおそらく日本だけではありません。さらにブラッシュアップし、海外にも誇りづくりを拡散していきたいと考えています。

おわりに

この原稿を書いているさなかに、ある新聞記事が目にとまりました。海外では「青少年がSNS上で他人の投稿を見て自分と比較した結果、精神にネガティブな影響を受ける」ということを、多くの人が問題視しているというのです。記事には、13歳でSNSを始めた女性が、フィットネス系のインフルエンサーの完璧に見える肉体や生活を見続けた結果、精神にネガティブな影響を受け、摂食障害を発症した事例が紹介されていました。記事の筆者は、こうした問題が起こる理由として「人は自身の良い面しかSNSに投稿しない」「画像・動画が加工されがちであること」の2点を挙げています。

まず、映像のもつ力の怖さを改めて感じました。私たちは、人の心に強く働き掛ける映像の力を利用し、ブランディングに利用しています。ただ、その力は簡単にネガティブにも働きます。その時のリスクも知っておかねばなりません。

もう1つ考えさせられたのは、日本においても海外と同様かそれ以上にこのような現象が起きていることです。自分の魅力に気づかず、ほかの人の良いところと自分を比較してしまいがちです。

特に日本では、日本人の謙虚さも相まって誇りをもちづらい世の中になっているのかもしれません。一生懸命に働いている自分を自虐的に「社畜」と言うのを聞くと、「仕事って悪なのだろうか」「仕事って本来は楽しいものではないのかな」と考えてしまいます。現代社会では、謙遜文化がものすごくいびつなかたちで現れているように感じます。

その一方で、日本人は心の奥底では誇りをもちたがっているのだとも感じています。2022年のサッカーワールドカップ（W杯）カタール大会で日本が強豪を破ったり、2023年のWBCで日本が優勝を成し遂げたりしたときに「こんなにサッカーや野球が好きな人がいたんだっけ」というくらい喜んでいる人たちを見掛けました。

私は、そんな世の中を「誇り」というキーワードでちょっとずつでも変えていきたいと考えています。会社のビジョンである「映像の力で胸を張って生きる人を増やし、未来をもっと鮮やかにする」にも、そういう想いが込められています。

実をいうと、「プライディングカンパニー」と名乗ると決めた当初は、「誇り」という言葉に私は少しこっぱずかしいと感じていました。

しかし、「プライディングカンパニー」を名乗りはじめ、「誇り」について語っているうちに納得していきました。そもそも、プライディングカンパニーと名付けたのは、私たちの映像制作への取り組み方が誇りづくりと深く結びついていると気づいたためです。企業や自治体の誇りとなる魅力を見つけ出し、それを映像というフォーマットに落とし込み、そして心を揺り動かすという流れです。私たちが長年取り組んでいた方法にふさわしい名前を探したら、「プライディングカンパニー」という言葉に行きつきました。

誇りをもてるかどうかということは、結局のところ自分の軸をもっているか、ということだと思います。自分の軸は、自分の魅力に気づいて磨いていけば得られるものだと考えます。これは企業も地方自治体も、そしてそれぞれの個人にも同じことがいえます。世の中の人が皆、自分の魅力に気づき、誇りをもてるようになればいいなと心から思っています。そして、私たちの映像制作が少しでも誇りづくりの役に立てたら、こんなにうれしいことはありません。

【著者プロフィール】

鶴目和孝（つるめ かずたか）

株式会社エレファントストーン　代表取締役 CEO
1979年3月22日生まれ
父親の仕事の都合で少年期をタイのバンコクで過ごす。
当時、ネット環境が整っておらず日本の情報源が限られているなか、音楽専門チャンネル「MTV」で洋楽のミュージックビデオを貪るように観る日々を送り、映像がもつ魅力の虜になる。

西大和学園高等学校、甲南大学を卒業。
広告代理店に入社し、主にセールスプロモーション領域のディレクションを行う。

次第に以前より好きだった映像を軸とした事業をしたいという想いが高まり2011年4月株式会社エレファントストーンを創業。

川崎フロンターレサポーター。アナログレコード収集家。二児の父。

本書についての
ご意見・ご感想はコチラ

企業のファンを生み出す
ブランディングムービー

2023年6月28日　第1刷発行

著　者　　鶴目和孝
発行人　　久保田貴幸

発行元　　株式会社 幻冬舎メディアコンサルティング
〒151-0051　東京都渋谷区千駄ヶ谷4-9-7
電話　03-5411-6440（編集）

発売元　　株式会社 幻冬舎
〒151-0051　東京都渋谷区千駄ヶ谷4-9-7
電話　03-5411-6222（営業）

印刷・製本　中央精版印刷株式会社
装　丁　　高橋彩基

検印廃止

Printed in Japan
ISBN 978-4-344-94689-7 C0034
幻冬舎メディアコンサルティングＨＰ
https://www.gentosha-mc.com/